超強懶人投資術
聰明買ETF 年年賺30%

楊倩琳 博士

著

Dr.Selena

跟著Dr.Selena投資ETF，從每月3000元開始，讓你輕鬆致富！

目錄
CONTENTS

第一章
改變你的心及腦，
小資也能大翻身

第二章
ETF 懶人投資法，
巴菲特也愛的投資！

第三章
ETF 投資必學關鍵字

目錄
CONTENTS

第六章
適合小資海外投資賺錢術

第七章
小資第一次投資
美股 ETF 怎麼選？

第八章
用美股 ETF
打造資產配置

認清已知，學習未知，成功將近在咫尺！

從創業開始，我始終堅信知識是用來幫助他人。我從年輕時就認識 Dr. Selena，欣賞她的能力，更佩服她能用平易近人的文字，教會許多人正確理財觀，從股票、房市到 ETF，透過投資工具的靈活應用，助人完成人生夢想。

同樣以知識起家，我創辦 OK 忠訓國際集團幫助超過數百萬人次貸款理財，也跟隨政府政策腳步於 2017 年起朝金融科技、綠能環保領域發展，以創新穩穩信用 P2P 投資平台與永恆能源太陽能投資體現對台灣社會發展的支持，發掘更多優質投資標的，助人打造被動收入，邁向財富自由。

我們有同樣的意念，盡一己之力助人，讓人生命更加美好。

祝福讀者，投資順利，美滿人生。

忠訓國際集團董事長 陳訓弘

第一章

改變你的心及腦，
小資也能大翻身

如果沒有出身豪門，
那就努力自己變好門

　　許多朋友曾經跟我說，沒看過我的書之前，都以為我從小生長在富裕的家庭，有富爸爸栽培，受很好的教育培養，我常笑說從小自我培養，這句玩笑話其實有一半是真的。

　　我從 13 歲時就開始打工，做過許多不同的工作，每一年寒暑假時我都會跟著二個姐姐去打工，以賺取些學費減輕媽媽沈重的負擔。

　　15 歲那年除夕，跟著姐姐在圓環攤販幫忙賣春聯，晚上工作完畢回到家時家家戶戶都在放鞭炮，那個夜晚的回家之路飽受炮竹亂竄驚嚇，除夕夜的回家之路感到非常漫長，內心有點不平衡為何跟一般小女孩擁有不一樣的除夕夜。

　　從那個黑色除夕夜我開始思考有什麼樣的方式可以過不一樣的人生，當時得到了一個大啟發，可能只能靠自己好好

念書，長大才有機會擺脫貧窮的生活。

　　之後的日子我的人生幾乎是在圖書館長大的，從小到大陪伴我最多時間都是書本。因為我相信唯有擁有專業知識，才能有不一樣的人生，將來才能有機會選擇自己想過的生活。

　　一路我從一個高職女生努力考上大學，又設法存錢到英國攻讀碩士學位，又花了六、七年一邊工作一邊念書，每三個星期搭飛機前往香港、上海上課，苦讀多年，最後好不容易拿到博士學位。我的求學之路其實非常辛苦，也犧牲了許多玩樂休閒的時間，但很慶幸這一路始終沒放棄，流淚咬牙撐過來了。

　　從小覺得如果這一輩子可以去的國家有 20~30 個就已經很棒了，沒想到我居然可以有機會往 60 國邁進！

　　大家可能也沒想到一個 10 歲時連鋼琴都沒辦法學的小女孩，有一天居然可以完成環遊世界的夢想了，這一切一切都是因為我始終相信，每一個人雖然不能選擇自己的出身，但只要努力一定可以逆轉人生，擁有美好的人生。

如果你沒有金湯匙，那就努力生出金湯匙！
如果你沒有出身豪門，那就努力自己變好門。

　　我常開玩笑的跟朋友們說，從小我為了將來能擠進上流

社會，非常用心的自我栽培。雖然有些玩笑話的意味在，但在我心中總是相信就算你沒有良好的家世背景，沒有財力雄厚的父母，但你可以設法用心栽培你自己。

如果沒有富爸爸，你就變成自己的富爸爸，

好好學會投資理財，有一天你一定可以靠自己豐富的理財知識，變身千萬富家女或富家子！

只有不認命，
才會變好命

　　最近收到一個粉絲的來信，他說自己不聰明沒有好學歷，所以只能一直做低薪的工作，覺得人生好像沒有希望、未來，然後開始抱怨起自己的出身貧窮及命不好。

　　我看了他的分享，想起了小時的一個小故事。從小沒有父親的我，媽媽為了養活三個小孩，只能把我們三個幼小的小孩寄養在九份外婆家，那時九份是個沒落貧窮的小山城，奶奶帶著我們每日過著清苦的日子。

　　有時隔壁的小孩他們的父母買了漂亮衣服或玩具給他們時，我總是羨慕不已。我曾疑惑的問奶奶為什麼我們一樣出身為人，但為什麼隔壁的小孩可以過比較幸福的人生，有疼愛他們的父母、有較好的物質生活。

　　我的奶奶總是回答我說，可能隔壁的小孩上輩子做了比

較多善事、好事，所以這輩子投胎後命比較好。但奶奶說上輩子的做為既然你改變不了，就好好努力改變這一輩子的命運，奶奶說她相信只要我好好念書，長大後應該有機會改變自己的命運及未來。

從小在教會長大的我，每週日常去教會上兒童主日學念經查經。牧師說神愛世人，有時有些事情看起來不公平，但一定有上帝美好的安排及祝福在之後，牧師又說上帝也很公平的給了每人二樣東西，這是每個人都能擁有的。我好奇的問牧師是什麼？

牧師說這二樣東西，一是時間，二是夢想。

他說上帝給每個人一天 24 小時，不管窮人或富人，很公平的是大家都擁有每一天 1440 分鐘，就看你如何充分有效應用。另外上帝也給大家追求夢想的權力，你可以擁有許多夢想，然後努力去追求實現。

身為小女孩的我當下一知半解，但奶奶及牧師的話深藏在我小小心中。後來的我每一天都很努力地利用時間去追求我的夢想。

當我大學畢業開始工作時，每天我從早上九點工作到晚上九點，假日大家在追劇或上夜店玩樂時，我在努力補習，準備雅思英文考試，為了留學英國做準備。

當我在英國攻讀碩士時，每天上課念書寫報告，當許多外國同學夜夜開 Party 時，我不是在念書就是在前往圖書館路

上，後來大概有 1/3 的外國同學失敗，拿不到碩士學位。

　　當我在攻讀博士學位辛苦寫論文時，有三年的過年我足不出戶，從早到晚寫不停，每天我很羨慕看著窗外快樂出遊的人，但我知道如果現在偷懶了，前面多年所有的努力都白費了。

　　當大家在玩樂、休息、逛街、追劇、上夜店狂歡時，我幾乎把人生所有時間用來在圖書館念書、寫論文、寫書、做投資研究、設定目標、檢視我的時間管理、夢想目標達成率。

　　後來我真的一一實現小時候所設定的所有夢想：

> ## Dr.Selena 夢想清單
>
> ❶ 學鋼琴（大學畢業領第一份薪水去學鋼琴）
> ❷ 到英國念碩士
> ❸ 拿到博士學位
> ❹ 出書（個人出了 6 本書）
> ❺ 在偏鄉學校設立楊倩琳夢想獎學金
> ❻ 買房
> ❼ 環遊世界 60 國
> ❽ 財務自由，不為錢工作

我也終於能明白當時牧師所說的意涵：上帝對每個人其實很公平，給了每個人二個寶藏，一是擁有時間，二是追求夢想。所以即使你家境不好、出身貧窮都沒有關係，只要你每天好好認真努力，從小你所欠缺的東西，一件一件都能靠自己贏回來。

我從小在奶奶身上，學到一個重要的人生精神：與其一直抱怨人生，不如努力改變人生。因為天天抱怨改變不了現況，活在埋怨老天不公平情緒中，只是一直浪費你的生命。相反地如果你羨慕別人，擁有你所沒有的任何一切，那就努力一件一件自己拼回來。

如果沒有足夠的職場競爭力，那就好好地思考你跟別人差距多大，好好努力補足專業技能或知識拼命縮短你跟別人的距離。如果沒有出身豪門，那你就努力變豪門，如果你沒有富爸爸，那就變成自己的富爸爸。

好好的學好投資理財，就有機會靠投資賺更多，有一天你也能變有錢，擁有更美好的人生。

永遠記得：

我們雖然改變不了上輩子，但我們可努力改變這輩子。

相信可以改變，你就能改變，最後成功逆轉你的人生。

30 歲前人要靠體力智力賺錢，
30 歲後
人要學會靠錢去賺錢

　　有一天我看到電視一個新聞報導說某大外送平台決定要調整外送獎金計算辦法，引起了眾多外送員的抱怨及不滿，紛紛抗議這個新獎金制度的調整，認為影響生計巨大，會讓他們每月的外送收入減少 1,000~2,000 元，我看到這個新聞報導陷入了長思。

　　從小由奶奶一手帶大的我，一直覺得我的奶奶一生都非常辛苦。為了撫養 7 個小孩長大及撫養三個小孫子，奶奶做了好多辛苦的工作，不管是幫人煮飯、洗碗、帶小孩⋯⋯，奶奶做了好多苦力活。

　　奶奶常跟我說：「她沒念什麼書，只能用體力及時間辛苦的掙一點錢來養活全家，所以她希望我能好好念書，可以用知識去賺錢，之後如果有能力要多幫助這世上需要幫助的

人，特別是單親媽媽們！」

　　奶奶的一番話影響了我一輩子，從小到大我都非常認真念書，幾乎是住在圖書館中。也因為這樣我看了好多好書，學習很多專業知識及投資理財知識。

　　我們每個人一生辛苦工作賺錢都是為了給自己及所愛的人能過更好的生活。但在物價飆漲、只有薪水不漲的低薪年代，加上這幾年全球疫情影響了大家的生活及生計。

　　小資上班族幾乎都成了「窮忙一族」，不僅感嘆錢難賺，在扣除基本開銷後，付了水電、房租、學貸、房貸、小孩學雜費、安親班費用、伙食費、交通費⋯⋯，每月能存下來的錢實在非常有限，想要累積財富也成為空想。

　　一般人想到可以賺錢的做法，就是一直出賣自己的時間及體力，稍微聰明一點的就是懂得出賣自己的技術。有一技傍身，養活自己可能不會太困難，但在台灣目前低薪的環境下，一般上班族可能也賺不了很多錢。所以你想睡覺時也能賺錢，就要用思維、用智慧、用知識去賺錢。

　　不知大家有沒有曾經聽過這麼一句話：30 歲以後，拼的是「睡後收入」。當你睡覺、什麼都不幹的時候，你的收入還在增加，這就是賺錢最好的方式。

　　為什麼許多人辛苦勞碌一生也沒有什麼錢，窮人和富人的區別其實就是那麼一點思想觀念，香港首富李嘉誠也主張：20 歲以前，所有的錢都是靠雙手勤勞換來，20-30 歲之間是

努力賺錢和存錢的時候，當你 **30 歲以後，學習投資理財的重要性逐漸提高。**

所以李嘉誠有一句名言：**「30 歲以前人要靠體力、智力賺錢，30 歲之後要靠錢賺錢。」**

在巴菲特的一本書中，他分享一個重要的概念：**「人一生能積累多少財富，不取決於你能夠賺多少錢，而取決於你駕馭金錢的能力。」**

愛因斯坦說：複利是這個世界的第八大奇蹟。

學會投資理財，很多時候比賺錢本身還要重要。

就像多年前我在公司成立了一個「小資理財社」，教公司的小資女學習投資理財。一開始的動機是源自於，我發現公司裡很多女孩都是從中南部來台北發展，一個人在台北租屋；有些則是因為家境問題，大學念書時申請助學貸款，除了繳房租還要還助學貸款。看她們這樣在台北生活得很辛苦，覺得非常不忍心！

多年下來，我每週定時跟她們分享我研究多年的理財觀念，剛開始她們對理財是零知識，慢慢的培養出自己的理財知識，並熟悉各種投資理財工具。

後來她們開始有了自己的投資計畫，有的人甚至開始獲利，一年可以不靠老闆，每年幫自己加薪 20-30%，多賺兩個月的薪水！甚至有的小資女在 30 多歲的時候就能自己買一間小宅！

最後她們每個人都從理財小白變身為會理財的小富女，每年可以幫自己加薪兩個月，實在很有成就感！

重要的是 Dr.Selena 始終相信每一個人都要學會理財投資的知識，那是一個很重要的生存技能，當這個世界變得很快很亂的時候，也許有一天你所做的工作可能會被疫情影響。但只要你會投資理財，可以擁有固定的被動收入，不用擔心有一天沒有收入三餐不繼！

其實長期投資好股票或 ETF，每年平均可以獲得至少 5~7% 的投資報酬率，也比銀行定存多 7-10 倍以上。而且越早開始投資，讓錢滾錢，會越賺越多錢，投資的好處就會越來越甜美！

但最重要的，就是得讓自己 Open Mind 積極擁抱投資理財，讓自己變成像一塊海綿，持續不間斷的學習理財投資相關的知識，轉化成自己的投資基礎，變身理財達人！有一天也能給自己及所愛的人較好的生活環境及未來。

你跟錢的距離其實很近：

你越愛錢，
才會變有錢！

　　我國中畢業後暑假曾在一家早餐店打工，每天清早搭第一班公車去工作，從早上 6 點做到下午 2 點。年輕的老闆娘非常有生意頭腦，她跟老公開麵包店，為了讓店隨時也有人潮，並提高店內的客人客單價及周轉率，她把另一邊的空間隔起來賣起美而美早餐。

　　老闆娘每天除了經營管理麵包店及早餐店，她還投資股票及房地產，年紀輕輕 35~36 歲已經有房有店面，老闆娘常跟我說她是來自南部的小孩，她高職畢業投入職場，嫁給老闆後，發現如果只靠麵包店的收入，根本養不起二個小孩。

　　於是她花很多時間學習投資理財，設法增加被動收入，她說不想一輩子只能用體力及時間一直做麵包，賺微薄的報酬及收入，她希望可以有機會靠錢去賺錢，連睡覺時也會有

收入進來。

從小看到厲害的老闆娘每月靠收租及領股息日子過得很開心，就覺得學會投資理財真的好重要。老闆娘常跟我說的一句話就是「你要愛錢，錢才會愛你」。所以從那時我每天都覺得要跟錢談戀愛，一生一世都愛它。

這世界上有種奇妙的原理，你越不愛的人事物，他們都會有感覺。他們就不會想接近你、親近你、愛上你。所以想變有錢的第一步，就是改變你對錢的態度，你越愛錢，錢才會愛你。

很會賺錢的猶太人也說過類似的道理。《塔木德》裡提到，猶太人很敬愛著上帝，但在錢面前，他們也敬愛錢。他們不只愛錢，而是「敬愛」，是把錢當上帝般的敬愛。

猶太人認為金錢是上帝給人類的恩典及祝福，如果他們沒有真心真意去敬愛錢，他們一生根本就無法有機會掌握到巨大財富，也無法發揮錢的真正力量。

因為當你懂得全心地去敬愛錢，學習和金錢重新建立關係，你才能在花錢或投資時能三思而後行，思考後做出正確行動。你才會開始好好思考如何用錢、存錢、賺錢、生錢、滾錢。

如同暢銷書《秘密》這本書 提到的「吸引力法則」，當你越愛錢，錢才會越愛你，當你越重視金錢，就越能吸引錢往你靠近！

變有錢第一步改變你的腦：
擁有一個生錢的頭腦

香港首富李嘉誠曾經對長江商學院的學生們這樣說：「自己之所以成為富人，不是因為有錢，而是因為擁有生錢的頭腦。」

他所指的「生錢的頭腦」，就是指創造財富的理財規劃。我們每個人在不同生命階段，隨著收入及資產狀況有所不同，理財的需求也是不同的。

在歐美國家，有一個比較流行的公式：用 80 減去自己的年齡，就是一個人用來投資理財的資產比例，比如今年 30 歲就是 80-30=50%。

也就是說，我可以用目前所有資產的 50% 拿來做股票、基金、ETF、債券等投資理財。

但其實理財實踐也呈現出三個不同的階段。在人生不同

的階段，人們所承受的風險和壓力是不同的，你應該去選擇適合你這個年齡段的投資理財產品。

年紀	重點	內容
20-35 歲	重在紀律	定期定額累積資產、慢慢建構理財架構
35-45 歲	重在工具	選對方法放大資產、完善保障力
45+ 階段	重在防守	穩建規劃守住資產、打造穩定現金流

第一階段：對於 20-35 幾歲的年輕人而言

你即將進入人生的黃金時期，最重視的是養成紀律，必須要學會存錢積累財富，開始學會靠錢賺錢。每月設法存錢，將結餘的資金，可以進行合理投資。

這時可以從每月定期定額 3,000~5,000 元開始投資 ETF 或是股票。這樣一方面可以有效地降低投資風險，更適合財富處於積累階段的普通小資族，同時還可以培養起良好的投資習慣。

第二階段：35-45 上班族而言

除了工作是收入的主要管道，因此認真積極地工作，不斷學習技能提高個人的工作能力，是保證工作穩定、收入增

長的有效途徑。

另一方面，投資理財應以學習找到適合自己的投資工具及做好資產配置，努力追求報酬率提高，但同時兼顧放大資產及穩健為基本原則，不宜盲目追求高收益、高回報。

第三階段：45+ 以上

隨著年齡的增長，投資出現了這樣的變化：高風險、高收益品項投資比例是愈來愈少的。單身期如果股票投資失敗了，因為我們年輕，還有時間再賺到錢。但隨著年齡增長進入家庭形成期和子女教育期，我們就需要規避風險。

而這個時候也開始思考自己未來的退休規劃準備，退休期投資和消費都較保守，理財原則是身體健康第一、財富第二，主要以穩健現金流及安全保值為目的。

中華民國退休基金協會曾統計 65 歲以上退休族平均每月至少花費 4.6 萬元，以平均餘命 80.7 歲來估計，退休後至少要準備 828 萬元才夠，這還只是基本的生活花費，若加計通膨及醫療支出，退休金至少要準備上千萬。

所以想要擁有美好的退休生活，早一點好好的學好投資理財，找到適合自己的投資工具，做好投資佈局及規劃，存到千萬退休金，應該是每一個人一生中最重要的投資功課之一。

早日財富自由，
贏回人生選擇權

　　我認識很多剛出社會的年輕人、小資族，跟他們聊天後才發現，許多小資上班族的心情寫照：「每個月不知道錢到底花哪裡去了，究竟買了什麼東西，怎麼樣也想不起來、說不清楚…」。那麼，究竟為什麼愈想存錢、想要更省，愈是存不到錢？

　　根據人力銀行 yes 123 最新調查，青年勞工 35% 呈現財務赤字，受疫情影響，零存款比例今年更是創新高。「39 歲（含）以下」的人現階段個人名下的總存款，平均只有 13.3 萬元，也略少於去年的 13.6 萬元，以及前年的 17 萬元；在這年齡區間，僅有 1.4% 人的存款是在「一百萬元（含）以上」。其中甚至有 19.1% 表示，自己是「沒有存款（0 元）」，比例破紀錄。

　　沒有雄厚財力背景的小資族，如何達到財務自由的目標、早日實現財務自己的夢想了？工作雖能帶來成長充實及成就感。但充足的財務準備，讓你有機會不用再看老闆、同事臉色。而究竟該怎麼投資理財，才能達到財務自由？

退休人生： 被動收入 ＞ 基本開銷

　　創業家薩巴帝爾，在其著作《財務自由，提早過你真正想過的生活》中，把存錢看成是對於未來自由的投資，強調花錢的當下，就是放棄了這些錢在未來可買到的人生自由。

　　薩巴帝爾解釋，我們以為花錢是可以「獲得」東西，但實際上，我們把錢花掉（而沒拿去好好投資）時，其實是從自己身上「奪取」。我們奪走的不只是「為了賺這些錢所花的時間」，更有「未來這些錢能買到的自由」。

　　小資族如果想擺脫窮忙族，必須積極理財：開始「存錢＋儲蓄」是為自己儲存緊急備用金，而學會「投資理財」則是讓自己的資金膨脹，在通膨的壓力下維持一定的購買力。

　　一般小資族錯誤的金錢觀念當中，總是習慣將每月開銷花完後，有剩餘的錢才拿來「投資」與「儲蓄」，現在起必須將順序顛倒，每個月扣掉必要開銷後，先將一定比例（可以參考老師的 631 理財法）的收入拿來儲蓄、投資，最後有

多餘的錢才來購買自己喜歡的物品。

美國財務自由大師錢鬍子先生（Mr. Money Mustache），就用存錢率細算了一個多少年可以退休的表：

$$存錢（儲蓄）率 = (收入 - 花費) / 收入$$

你會發現，如果你的存錢率 10%(薪水存 10％) 要 51 年才能退休，存錢率 20％要 37 年，存 30％要 28 年，存 40％要 22 年，存 50％要 17 年，而如果能存 60％，大約 12.5 年就可以退休了（請參考下表）。

存錢率	工作幾年後退休
5%	66
10%	51
15%	43
20%	37
25%	32
30%	28
35%	25
40%	22
45%	19
50%	17

55%	14.5
60%	12.5
65%	10.5
70%	8.5
75%	7
80%	5.5
85%	4
90%	3 年以下
95%	2 年以下

存錢率越高這樣可以保證每個月都有一定的金錢能夠用於讓資產累積的投資工具。

而投資越早越能累積財富，我們另外舉例如果將每月 2 萬元的薪水存下來，1 年便可投資 24 萬元，20 年後本金為 480 萬元。若這筆錢每年投入全球股市，以上述 MSCI 全球指數 5.86% 年化報酬率來看，20 年後這 480 萬元將成長為 830 萬元！

愛因斯坦曾說『時間 + 複利的威力比原子彈還可怕』；時間帶來的複利相當可觀，不管是理財或投資，愈早開始就愈能享受到甜美的果實。

尤其是對於沒有富爸媽的年輕小資族，及早學會投資理財，好好規劃你的財務，朝著早日財富自由的目標前進。

財富自由的意義對我們來說，不只是物質上的滿足，更是心靈上的自由。當你開始不被固定薪水所綑綁，你可以有更多「你決定想做的事情、喜歡的事情」，不用為五斗米折腰，當你懷抱著熱情從事自己所愛、擁有一切的時間掌控權，你的人生也會開始不一樣了。

小資變有錢的
神奇三心法

　　Dr.Selena 有個朋友 A 是個國際線導遊年約 50 歲，這一年多受疫情工作大受影響，原本每個月有穩定的收入幾乎歸零，只能吃老本。屋漏偏逢連夜雨加上前陣子當警衛的弟弟不幸中年中風，送醫手術開刀，好不容易搶救回來，現在積極復建當中。

　　因為弟弟平時沒有存款，也沒有保險，所以目前的看護費用及醫療費用都由朋友 A 負擔。朋友 A 這一年幾乎沒有收入，加上要負擔弟弟的醫療及復健費用，經濟負擔非常沈重。因此特別來詢問我關於理財的相關事宜，也在我的衷心建議之下開始學習投資理財。

　　在我跟朋友 A 深聊過之後，給了他一些適合他的投資方式及投資工具的建議：包含了買金融股、定時定額 3,000 元海

外基金、0056 ETF⋯⋯。

過了三個月後開始有 10~15% 的報酬率，朋友 A 很開心地看到自己真的可以用錢去賺錢，心理也稍微好過一些。但也感嘆真的應該趁年輕就開始學習投資理財，讓自己能有更多的被動收入來源！

其實小資族更是要早一點學習投資理財，早一點累積財富，享受時間及複利的巨大效果，就像股神巴菲特說，人生就像滾雪球，而影響雪球大小的因素有二，夠長的坡道和充足的雪量。隨著雪球越滾越大，象徵投資的成果。

1. **夠長的坡道**：代表的是時間。在正常狀態下，每個人都可自由運用現金，但及早開始準備投資，利用時間來累積財富，卻是自己的選擇。

2. **充足的雪量**：代表適當的投資產品。波動過劇或大漲大跌的標的，不易累積財富。如同太濕的雪，可能會將雪球完全融化，太乾的雪，又不容易沾附。

小資及早開始投資，善用時間所帶來的複利效果，並選擇適當的投資產品，人人皆有可能實現財富自由，而且重要的是當有任何狀況沒有收入的時候自己還有穩定的投資收入，可以讓生活不至於受到太大的影響。

Dr.Selena 小資提早財富自由的三心法：

① **存下主動收入：**每個月可以用 6:3:1 理財法則，努力將薪水的 30% 存下來，設法投資！

② **增加被動收入：**將每月辛苦存下的 30% 收入，選擇適合自己的投資工具，比如買好老公股票、定時定額基金、ETF、海外投資、房產……，增加被動收入的來源，讓錢去幫你賺錢！

③ **建構未來收入：**努力建構可以持續穩定的被動收入，每月或每年都有可以持續不間斷的未來收入。

主動收入	被動收入	未來收入
設法存下 /6:3:1 理財法	靠投資 / 提高報酬率	自動持續 / 股息或租金

當有一天未來收入可以足夠支付自己每月的開銷及花費，讓自己可以真正的財富自由，贏回人生的選擇權，可以選擇自己想過的人生！

| 理 | 財 | 筆 | 記 |

FINANCIAL NOTES

第二章

ETF 懶人投資法，
巴菲特也愛的投資！

ETF 是什麼？

近年「存股」成為台灣新手投資人的國民運動，更多小資族提早加入投資理財的行列，但礙於手邊資金有限，因此相對低價、殖利率高的金融股與 ETF（Exchange Traded Funds），就成為投資首選。

ETF 是 1990 年時由美國的約翰.伯格 (John Bogle) 先生發明的，最大的特點是把「指數證券化」。ETF 受到年輕族群或投資新手青睞不是沒有原因的，相較於一般股票，ETF 擁有持股透明度高、交易便利、成本便宜的優勢，同時一檔 ETF 包含很多投資標的（如指數、股票、基金），具有「分散風險」的效果。

很多新手投資人常有的第一個問題就是到底要如何選股？有沒有很容易的選股法？ 或是有什麼標的可以投資進去

後，不用花太多時間管理就能自動地幫我賺錢，不用辛苦研究財報和技術分析，就能自動幫我篩選表現好的公司進行投資，並且淘汰表現差的公司，適合新手的懶人投資方法？那答案當然就是「指數型基金 ETF」。

　　如果你現在新手投資人，或是你已經存下了一筆錢想要開始做投資，但又沒有多餘的時間自己選股，那你一定不能錯過最適合新手來投資的指數型基金 ETF。

　　無怪乎投資大師巴菲特曾說：「如果你不知道該投資什麼，那就投資 ETF 吧！」

　　巴菲特 2020 年初公布持股時，破天荒買進兩檔指數型 ETF！這兩檔 ETF 截至 2021/2/28 的五年年化報酬率皆超過 15%，十年的年化報酬率超過 13%。

✚ 2020 年第三季巴菲特持有 ETF 明細〔美元〕

代號	中文名稱	持有價值	持有股數
VOO	Vanguard 標普 500 指數 ETF	1,322 萬	4.3 萬股
SPY	SPDR 標普 500 指數 ETF	1,319 萬	3.9 萬股

　　另外之前有投資人在 2008 年波克夏股東大會上詢問股神巴菲特：「如果你只有 30 來歲，沒有什麼其他經濟依靠，只

有一份全日制的工作謀生，根本無法每天進行投資，現在已經存了第 1 個 100 萬元，你將會如何投資？」

巴菲特答覆：「我會將所有的錢都投資到一個低成本的追蹤 S&P 500 指數的 ETF，然後繼續努力工作……再把所有的錢都投資到低成本的 ETF。」

為何股神如此推薦 ETF 給一般投資人了，那就要了解 ETF 產品設計的主要精神。

認識 ETF

ETF 是英文 Exchange-Traded Fund 的縮寫，意思是可以在交易所交易的基金，我們如果將這個名稱拆成三部分正好可以說明 ETF 交易所正式的名稱是「指數股票型基金」。

E 指數　　　　**T 股票**　　　　**F 基金**

1 首先是「指數」，ETF 被設計成被動追蹤某一種指數的表現，是一項指數化投資的商品。

2 其次是「股票型」，ETF 透過獨特交易架構的設計，使它可以像一般股票在集中市場掛牌交易。

3 ETF 在國內是採取類似共同基金的模式，由投信公司管理，並發行受益憑證做為資產持有的表徵。

全球首檔 ETF 為加拿大多倫多交易所在 1990 年推出的 TIPS，但 ETF 真正受到廣大投資人青睞是在 1993 年，由美國證交所推出以 S&P500 為追蹤指數的 ETF 商品 SPDR 後，

才真正發揚光大，後續又推出多種以特定指數為基準的 ETF 新商品，如 QQQ(追蹤 NASDAQ100 指數)。

　　ETF 是被動追蹤某一指數表現的共同基金，其投資組合儘可能的完全比照指數的成分股組成，並且在集中市場掛牌，如同一般股票交易買賣。

　　ETF 交易模式與股票完全相同，但交易稅僅為股票 1/3 的基金。ETF 將指數證券化，投資方法與股票完全相同，小資投資族不需要另外開戶，簡單來說就是把 ETF 當股票買，指數漲，ETF 就會跟著漲；指數跌，ETF 的價格也會跟著下跌。

　　投資人透過買賣 ETF，獲取與追蹤指數同步的報酬率，基金績效與追蹤指數同步，若追蹤指數上漲 X%，投資人就可以獲得 X% 的報酬。

ETF 懶人聰明投資法

　　小資投資人也都知道投資要分散風險，千萬不能將所有雞蛋放在同一個籃子裡，要聰明利用不同的投資組合，盡可能地將風險降到最低。

　　比如說小資目前想投資護國神山台積電或是聯發科，一張股票股價就高達 50 ～ 100 萬，身為資金不這麼雄厚的小資族該如何分散風險呢？

　　ETF 解決了這個問題，我們以目前最熱門的「元大台灣50」，0050 為例。如果你買入一張 0050，投信公司會拿這些錢去買台灣前 50 大公司的股票。並且因前 50 大公司占台灣上市公司總和 6 成以上，所以基本上元大台灣 50 的漲跌幅與大盤有很高的相關性。

　　簡單說小資投資人可以想像成 ETF 是一個菜籃，這個菜

籃裡面包含了台灣前 50 大企業的優質股票，小資投資人買了一張 ETF 就等於買到台股其中 50 檔的優質好股。

這樣好處是省去小資投資人自己選股的問題，跟著大盤走勢一點也不用花腦自己去研究，所以才叫懶人投資法。

投資 ETF 方便又輕鬆

ETF 在完成募集之後，就會在股市掛牌交易。在集中市場買賣 ETF 的方式及時間，就與股票交易相同。因此，在申購 ETF 之前，先確認是否具備證券交易帳戶，一旦有了證券帳戶，不管透過哪家證券商，皆可在股市交易時間內，輕鬆買賣 ETF。

ETF 常見種類有那些？

　　ETF 從 2003 年正式引進台灣，因為投資入門門檻金額低且相對風險小，成為近年投資新手或小資族熱門的金融商品。市場上的 ETF 投資標的也相對單純，大都以買股票為主，這幾年大量同類型 ETF 指數型基金推出，也是持有一籃子的投資標的，包含各國股票、債券、外幣、大宗原物料商品等投資商品。

　　ETF 如同股票交易模式，它是一種被動投資工具，用被動投資複製特定指數的表現，可以買進一籃子的投資標的，用很低的成本投資不同標的如股票、債券、外幣、大宗原物料等投資商品分散投資風險，不受投資個別公司影響整體投資績效。然而 ETF 種類眾多，你知道並不是每個 ETF 的投資風險都很小嗎？

目前在台灣掛牌交易的 ETF 可以區分為 5 類：股票型、債券型、商品型、槓桿型 ETF、反向型 ETF⋯⋯等。下面以介紹各種 ETF 的特性以及差異：

ETF 五大簡單分類

| 股票型 | 債券型 | 商品型 | 槓桿型 | 反向型 |

 5 個 ETF 常見種類

・ETF 種類 1：股票型 ETF

股票 ETF 追蹤股票市場的指數，在台灣知名度最高的就是大家熟悉的 0050。股票 ETF 追蹤的股票市場指數可以是單一國家指數、區域指數、產業指數或者特定主題的指數。

1. 區域型：投資特定區域的 ETF，例如歐洲等區域。
2. 單一國家型：投資個別國家的 ETF，例如台灣、美國、中國、印度、日本等。
3. 產業型：投資特定產業的 ETF，例如科技指數、金融

指數等。

4. 主題型：投資特定主題的 ETF，例如高股息指數、AI 等。

股票型 ETF 的漲跌會追蹤單一指數，比如元大台灣 50ETF(代號為 0050，因此習慣簡稱 0050) 追蹤的指數是台灣 50 指數，0050 可以簡單理解成一次幫你買進台灣最大的 50 檔股票，包含台積電、鴻海、聯發科、台達電、富邦金、長榮等等台灣重要的企業，這些股票稱為 ETF 的「成分股」，以下為台灣常見的股票型 ETF：

股票型 ETF 簡稱	證券代號	標的指數
元大台灣 50	0050	臺灣 50 指數
元大中型 100	0051	臺灣中型 100 指數
元大電子	0053	電子類加權股價指數
元大台商 50	0054	S&P 台商收成指數
元大 MSCI 金融	0055	MSCI 台灣金融指數
富邦台灣 50	006208	臺灣 50 指數

· ETF 種類 2：商品型 ETF

商品原物料類 ETF 市場接受度日漸增加，規模及成交量不斷攀升。商品原物料類 ETF 一共可簡單可分為五大類：能

源類、貴金屬類、基本金屬、農產品類以及牲畜類。而這些
ETF，也屬於期貨期 ETF 的一種。

　　商品型 ETF 最大的特性就在於其避險能力，可用於規避
通貨膨脹的風險。舉例來說，通貨膨脹時，股票會隨之上漲，
不具備對抗通膨的能力；商品期貨 ETF 受經濟狀況的影響則
相對較小，適合作為避險型投資商品。

　　目前台灣比較常見的一般商品型 ETF 標的有：

　　1. 能源 ETF：例如石油。

　　2. 貴金屬 ETF：例如黃金、白銀等。

　　3. 農產品 ETF：例如黃豆等

　　如果你更喜歡鑽研產業發展，商品型 ETF 成分股會著重
於某一商品類型，像是玉米 ETF、小麥 ETF 及大豆 ETF 等；
以下整理台灣比較代表性的商品型 ETF：

期貨型 ETF 簡稱	證券代號	標的指數
元大 S&P 黃金	00635U	標普高盛黃金 ER 指數
元大 S&P 石油	00642U	標普高盛原油 ER 指數
元大道瓊白銀	00738U	標普道瓊斯指數公司編制的 「道瓊白銀 ER 指數」
街口 S&P 黃豆	00693U	標普高盛黃豆 ER 指數
街口道瓊銅	00763U	道瓊銅 ER 指數

・ETF 種類 3：槓桿型 ETF

如果覺得股票型 ETF 的變化較少、投資報酬率低，可選擇槓桿型 ETF，槓桿型 ETF 有如加倍賭注，將指數漲跌依槓桿倍數放大，所帶來的獲利和風險也隨之放大。槓桿 ETF 是一種使用衍生品或者債務槓桿來放大對於某個指數正向，或者反向追蹤投資損益的基金。常見的槓桿比例有 1.5X、2X 與 3X，往往有做多與做空的一對孿生雙子。

例如元大台灣 50 正 2（00631L），在台灣 50 指數上漲 1% 時，它將上漲 2%，讓投資人的報酬加倍，反之，下跌時也會加重損失。以下整理台灣常見的槓桿型 ETF：

槓桿型 ETF 簡稱	證券代號	標的指數
元大台灣 50 正 2	00631L	臺灣 50 指數
元大 S&P500 正 2	00647L	標普 500 2 倍槓桿指數
富邦上証正 2	00633L	上証 180 2 倍槓桿指數
國泰美國道瓊正 2	00852L	道瓊斯工業平均單日正向 2 倍指數
富邦 NASDAQ 正 2	00670L	NASDAQ-100 正向 2 倍指數

槓桿 ETF 的一個很重要原理就是每日的重新平衡（rebalance）計算，因為只有重新平衡了，明天才能又是新的開始，我們才可以繼續實現每日回報加倍的目標。如果沒有重新平衡那就要亂了套。

　　因為槓桿型 ETF 具有槓桿的特性，若持有超過 1 個交易日，報酬將受「複利效果」影響，例如槓桿 ETF 標的指數第一天上漲 5%，第二天下跌 5%，此時報酬率為（1 + 5%）X（1 − 5%）− 1 = -0.25%，而非 0%，小資投資時需特別注意及小心。

　　複利效果不一定都是負面的，是根據標的指數波動的程度決定。標的指數波動小，例如連續上漲或下跌，複利效果可能呈現正向；標的指數波動大，複利效果可能為負。不過，為了保險起見，對於一般剛學習投資理財的小資新手而言，建議能少碰或別碰。

・ETF 種類 4：反向型 ETF

　　反向 ETF 是最近幾年流行的一個商品，它的主要特色是「如果標的物下跌，反向 ETF 就會上漲！」當你預測標的物會下跌，除了暫停進場投資外，也可以選擇買進反向型 ETF，作為「做空」、對沖風險的工具。

　　以台灣 50 反一 (00632R)，全名是「元大台灣 50 單日反向 1 倍 ETF」(以下簡稱「台灣 50 反」或「0050 反」) 如果你認為台股大盤接下來會下跌，可以「買進 0050 反」，之後如果大盤下跌你就會獲利，反之如果大盤上漲你就會虧損。

槓桿與反向型 ETF 示意圖

當日標的指數上漲　　　　　當日標的指數下跌

1%　　2%　　1 倍反向 ETF　　標的指數　2 倍槓桿 ETF　　1%

標的指數　2 倍槓桿 ETF　　-1%　　-1%　　-2%　　1 倍反向 ETF

圖片參考：國泰投信官網

　　而元大 S&P 原油反 1（00673R）追蹤的是原油市場的指數，如果油價下跌，此反向型 ETF 就會上漲，但股票市場整體走勢是往上，下跌的時間通常很短暫，因此反向型 ETF 建議投資人採取短期投資策略。

反向型 ETF 簡稱	證券代號	標的指數
元大台灣 50 反 1	00632R	臺灣 50 指數
富邦上証反 1	00634R	上証 180 反向指數
元大 S&P500 反 1	00648R	標普 500 反向指數
國泰 20 年美債反 1	00689R	彭博巴克萊 20 年期（以上）美國公債單日反向 1 倍指數
富邦 NASDAQ 反 1	00671R	NASDAQ-100 反向 1 倍指數

相較於一般 ETF，槓桿型和反向型 ETF 槓桿較大，因此獲利、投資風險也都比較大，屬於進階型產品，比較不適合投資新手或是小資投資人。若持有超過一天，反向型 ETF 也一樣會受「複利效果」影響，投資操作風險非常大，不適合長期持有，較適合短期交易、持續管理投資組合的專業投資人。

・ETF 種類 5：債券型 ETF

債券 ETF 是一種在證券市場交易，提供投資人參與追蹤債券標的指數報酬表現的基金，簡而言之，債券 ETF 是「以股票方式交易，獲取標的指數報酬的基金」。

債券型 ETF 的波動比股票低，所以常會建議大家在資產配置上可以把債券納入進去，以達到分散風險的目的。與債券型基金不同的是，債券 ETF 是「被動式操作」，它的經理人不做主觀決策，只根據事先決定好的規則特定的規則做進出買賣債券，並且可以用股票帳戶做交易買進，交易成本會比買基金低一些。

目前台灣市場上債券 ETF 也有分半年配、季配和月配，對於有本金較大且有現金流量需求的投資人而言，月配息產品是重要的投資工具。舉例而言，100 萬台幣投資於 3% 年配息率的產品，每月約可獲得 100 萬 x3%/12=2500 元新台幣配息，可作為額外的退休或生活現金收入來源，比定存還要高出許多呢！以下為台灣可買到的債券型 ETF 參考：

債券型 ETF 簡稱	證券代號	標的指數
元大美債 20 年	00679B	ICE 美國政府 20+ 年期債券指數
元大美債 7-10 年	00697B	ICE 美國政府 7-10 年期債券指數
富邦美債 1-3 年	00694B	花旗美國政府債券 1-3 年期指數
富邦美債 7-10 年	00695B	花旗美國政府債券 7-10 年期指數
富邦美債 20 年	00696B	花旗美國政府債券 20 年期以上指數
國泰 20 年美債	00687B	彭博巴克萊 20 年期（以上）美國公債指數
國泰 A 級金融債	00780B	彭博巴克萊 7-10 年美元金融債精選指數

　　債券 ETF 的優勢包括配息來源不來自本金、低波動、最重要的是交易成本低，小資投資人透過債券 ETF 可用小金額，參與需要大額資金才能投資的債券市場，《CMONEY》統計到 2021 年 6 月 7 日，前 10 大配息較高的債券型 ETF，年化配息率在 3.5% 以上者有 7 檔。

代號	名稱	年化配息率
00710B	F H 彭博高收益債	5.26%
00880B	第一金電信債 15+	5.1%
00883B	中信 ESG 投資級債	4.82%

00711B	FH 彭博新興債	3.62%
00863B	中信全球電信債	3.6%
00838B	永豐 7-10 年中國債	3.58%
00772B	中信高評等及公司債	3.54%

資料參考來源：Cmoney

ETF 與股票及基金的差異

　　ETF 是最近很收全民歡迎的熱門商品，許多國內投信也推出新的 ETF。ETF 將指數證券化，投資方法與股票完全相同，不需要另外開戶，ETF 在集保公司的一切交割、轉帳、買賣及登錄的過程，皆與股票相同，投資人只要使用原有的股票集保存摺，即可完成 ETF 的存放及登摺作業。簡單來說就是把 ETF 當股票買，指數漲、ETF 就會跟著漲；指數跌，ETF 的價格也會跟著下跌。

究竟 ETF 是什麼？它和股票及基金有什麼不同？

·ETF 與股票的差異

　　ETF 交易模式與股票完全相同，但交易稅僅為股票三分

之一的基金。但投資 ETF 與股票的最大差別，在於 ETF 投資人是這檔基金的受益人，並不是 ETF 指數成份股的股東，所以不能享有一般股東的權益，如：股東配股、配息、選舉董監事、參與現金增資等。ETF 證交稅為 0.1%，僅為股票的 1/3；而券商手續費則與一般股票相同為 0.1425%。

✚ 股票與 ETF 與一般股票交易比較

項目	股票	ETF
交易時間	每週一至週五 早上 9:00~ 下午 1:30	每週一至週五 早上 9:00~ 下午 1:30
買賣方式	可透過任何合法證券商 下單買賣	可透過任何合法證券商 下單買賣
交易稅	千分之三	千分之一
信用交易	上市六個月後	一上市即可
零股交易	可	可
手續費	千分之 1.425 以內 （由券商自訂）	千分之 1.425 以內 （由券商自訂）
升降單位	新台幣 50 元以下為 0.05 新台幣 50 元以上為 0.10	新台幣 50 元以下為 0.01 新台幣 50 元以上為 0.05
除權	有	無
除息	有	有 （不是每個 ETF 都會有配息）

資料來源：證交所

·ETF 與基金的差異

ETF 受到年輕族群或投資新手青睞不是沒有原因的，相較於一般股票，ETF 擁有持股透明度高、交易便利、成本便宜的優勢，同時一檔 ETF 包含很多投資標的（如指數、股票、基金），具有「分散風險」的效果。

ETF(指數型基金)與共同基金都是基金，這代表他們都是由「一籃子證券」組成的。ETF(指數型基金)的證券名單則是「依照指數成分股」挑選，但「共同基金」挑選的證券名單是由基金經理團隊挑選。

這兩者最大差別在於 ETF 大多數是被動投資方式，跟隨一個指數的規則去決定選股和比重，而共同基金則是主觀投資，由基金經理人來決定現在要買什麼、比重多少。大多情況下，共同基金持股會更加集中一點，ETF 則是比較分散。這對績效的影響就是一個起伏大、一個起伏小。

管理方式	主動式投資管理 【Active Management】	被動式投資管理 【Passive Management】
代表	共同基金	一般的 ETF
説明	基金操盤的目標是以打敗加權股價指數為目標，基金經理人會分析總體經濟環境及個別公司的財務資料、產業遠景、公司是否具競爭力等，由基金經理人全權決定投資組合的成份股，依市況不同靈活換股，因而可創造較高的報酬。	ETF 投資組合完全依照所追蹤指數的組成成份股與權重來建立，基金經理人不負責選股，而是被動地隨著指數成份股更動而調整投資組合內容或比重，讓 ETF 的表現貼近指數的表現。

·ETF 買賣的時間短，基金則較長

如果有買過基金的小資族就知道，基金的申購贖回時間比較長，這是基金設計架構的問題。基金是「信託架構」，我們是透過信託法規把錢委託給發行基金的投信公司，投信公司收到我們的錢之後再拿去買股票；反過來也一樣，當我們想贖回基金時，投信公司需要先賣掉股票再把錢結算給我們，因此這一來一往的時間較長。

在 ETF 出現之前，一般投資人比較沒辦法直接投資指數。就像「臺灣加權股價指數」，要複製它的績效，只能照著它的比例去買類似的股票。對大多投資人來說非常麻煩又有高門檻。但自從伯格先生發明了 ETF，讓我們可以用買賣股票的方式直接買賣相當於指數成分的一籃子股票。

特性	基金	ETF
管理方式	積極管理，目標為打敗指數，創造超額報酬率	被動管理，目標為追求指數報酬率
交易方式	以每日收盤淨值交易	• 次級市場：與股票相同，於交易時段交易市價 • 初級市場：淨值
信用交易	否	可
交易週轉率	高，股票交易依基金經理人主觀判斷	低，指數成分股依第三方指數編製公司
透明度	低，每月公布前 10 大持股明細，每季公布完整持股明細	高，每天公布持股明細

管理費用	高，約 1-2%	低，約 0.5% 以下
手續費費	高，牌告費率約 1-3%	低，牌告費率為 0.1425%
可每月定期定額	可	可（每家券商可定期定額的 ETF 可能不同）

資料來源：證交所 , 元大投信官網

小資投資 ETF 的好處

一、門檻低：　ETF 定期定額的方式，非常類似每月強迫
　　儲蓄的概念，因為投資的金額大部份券商最低只要
　　一千元，不用一次拿出十萬塊買台灣 50，很適合小
　　資族。

二、風險低：以目前台灣最受歡迎的台灣 50 ETF 為例，
　　將台灣前 50 大公司股票集合在一起，基本上，買「台
　　灣 50」就不會偏離加權指數太遠，通常發行 ETF
　　的投信公司都會定期自動調整持股，因此投資人不
　　用擔心買到下市公司的股票。

三、**手續費低**：定期定額購買 ETF 的手續費非常的低，除了能強迫自己存錢外，長時間投資累積複利，每個月存下來的每股、每張股票積少成多，為自己存下一筆退休金絕非難事喔！

四、**不用每天盯盤**：早上要工作又要盯盤根本忙不過來！ 這些都不用擔心啦，因為 ETF 投信公司會幫你把關！

小資投資 ETF
四個風險要留心

但進出股市投資還是有風險，購買 ETF 的你可能會遇到：

一、新成立的 ETF 特別容易有「過高的溢價」，也就是說，太高的溢價會讓你買了比實際淨值更貴的股價。比如說之前富邦越南 ETF 掛牌價量齊漲，買盤湧入推動股價大漲 18.22%，量能達到 19.2 萬張，溢價達 17.6%，創下近年台股掛牌 ETF 上市的溢價紀錄，當天富邦投信呼籲投資人留意投資風險。

二、ETF 持股標的無法主動更換，也就是當你買了這盤滷味拼盤買了，就算挑食也不能挑掉你不愛的菜。

三、雖然 ETF 是可以定期定額買進，好處是可以分散風

險，但是賣出的時機點會與報酬率有關，以台股而言，假設賣在萬八和 9 千點報酬率就真的差很大。

四、投資 ETF 還是會有遇到系統性風險（如戰爭、自然災害、通貨膨脹）的可能。

小資投資 ETF 建議還是得使用平時不會臨時需要動用的生活資金，才不會在當你有緊急時刻發現自己沒救命錢，另外也不是所有 ETF 都適合每一個投資人，投資 ETF 挑選時還是要搭配追求的報酬率、自身風險屬性及投資性格，才能選到符合個人需求的 ETF 相關商品。

哪些族群
適合投資 ETF？

投資 ETF 具有分散風險、管理及交易成本低、買賣方便等投資優勢，受到全球廣大的投資人及機構法人的青睞，你只要是下列族群，ETF 就是你資產配置中不可或缺的一環。

懶人族

一般投資人都具有「雞蛋不放在同一個籃子」分散風險的觀念，但往往受限於資金不足，無法建立一個風險分散的投資組合：而如果投資涵蓋一籃子績優股的 ETF，就等於建立一個績優且風險分散的投資組合。

基金族

一般忙碌的上班族，常常會忘記檢視資產配置圖；即便

是投資風險較低的共同基金，也會忘記定期關心基金的成效及調整基金配置。所以，建議投資人，除了主動式管理的基金外，不妨將以追求穩定指數報酬的 ETF 列入資產配置圖。

小資族或新手投資人

如果你是不會挑選個股的小資投資人，那麼你可以藉由這種以指數為投資依據的金融工具，便可以輕鬆獲利。

第三章

ETF 投資
必學關鍵字

認識 ETF 的
基本資料

　　2020 年全球益全擴散，但也是股市充滿上下震盪卻又驚喜的一年，由疫情開局收在半導體產能與航運需求暴增結束。整個一年度過程有如雲霄飛車一般，而在這個年度，也是 ETF 廣受台灣投資人歡迎的一年，配合新開戶數大增與零股盤中交易、零股定期定額機制導入之下，吸引了無數新鮮人加入市場並將 ETF 作為投資首選。

　　小資要開始投資 ETF 前，要先知道每一檔 ETF 都有相關的基本資料可供查詢，我們以最受全台灣投資人歡迎的元大台灣高配息基金 (0056) 來舉例，我們可以查到以下重要的 ETF 資訊。

ETF 名稱：元大台灣高配息基金

交易所代碼：0056

發行公司：元大投信

總管理費用：0.66(含 0.26 非管理費用)

ETF 的發行公司：成立時間 2007/12/13

ETF 規模：87,827.30(百萬台幣)

ETF 市價：32.77 元

追蹤指數：台灣高配息報酬指數：台灣高配息指數

成分股：30 檔

元大投信	元大台灣高股息基金〈0056.TW〉						+觀察
盤中報價	技術分析	淨值表格	基本資料	配息記錄	分割合併	持股狀況	報酬分析 報酬走勢
報酬比較	風險報酬	多空報酬	風險分析	相關分析	資金流向	五力分析	趨勢軌跡 投資策略

英文名稱	Yuanta Taiwan Dividend Plus ETF		
ETF名稱	元大台灣高股息基金	交易所代碼	0056
發行公司	元大投信	總管理費用(%)	0.66 (含 0.26 非管理費用)
成立日期	2007/12/13 (已成立14年)	ETF市價	32.7700 (2021/09/30)
ETF規模	87,827.30(百萬台幣)(2021/08/31)	追蹤指數	臺灣高股息報酬指數
投資策略	採用指數化策略，將本基金盡可能於扣除各項必要費用之後，複製標的指數之績效表現。本基金為達成上述目的，將以全部或幾近全部之資產，依標的指數編製之權值比例，分散投資於各成份股。		

圖片來源：MoneyDJ 網站

　　這邊首先最重要的是每一檔 ETF 都會有追蹤的指數，而 0056 追蹤的是台灣高配息報酬指數：

「臺灣高股息指數」之所有權屬於臺灣證券交易所及富時國際有限公司。其以「臺灣 50 指數」及「臺灣中型 100 指數」之成分股為採樣母體，並篩選出殖利率較高的成分股，可表彰兼具中大型股及高殖利率兩項特色股票之績效表現。

指數母體	以「臺灣 50 指數」 與「臺灣中型 100 指數」之成分股為採樣母體
加權方法	殖利率加權
基期	2006.07.31
發布日	2007.01.15
基期指數	5,000
計算頻率	每 5 秒計算一次
成分股數目	30
指數計算類別	價格 / 報酬
定期審核	每年 6、12 月

資料來源：台灣指數公司

　　指數的 30 檔就是 0056 擁有的成分股，基本上每半年指數調整一次，成分股每半年也會調整一次。像 2021 年 0056 所追蹤之台灣高股息指數 6 月 25 日完成新一輪成分股調整，名單中新增南帝（2108）、超豐（2441）、友達（2409）、

長榮（2603）、群創（3481），刪除聯強（2347）和神基
（3005）。此次調整已於 2021 年 6 月 25 日整理完畢，所以
可以看到下表為最新調整的成分股清單。

元大台灣高股息基金-持股明細							
						資料日期：2021/08/31	
股票名稱	持股(千股)	比例	增減	股票名稱	持股(千股)	比例	增減
長榮	44,043.00	6.82	+0.48%	超豐	29,667.00	3.03	-0.05%
友達	204,099.00	4.09	-0.51%	開發金	187,406.00	3.03	+0.15%
緯創	121,804.00	3.80	+0.03%	廣達	33,719.00	3.01	+0.09%
仁寶	143,438.00	3.74	+0.36%	京元電子	57,589.00	2.99	+0.08%
大聯大	67,685.00	3.73	-0.30%	和碩	39,441.00	2.91	+0.01%
潤泰全	29,434.00	3.72	+0.48%	亞泥	56,530.00	2.89	-0.38%
興富發	67,237.00	3.69	+0.09%	微星	18,508.00	2.75	-0.24%
群創	179,219.00	3.52	-0.22%	瑞儀	24,219.00	2.73	-0.13%
群光	38,823.00	3.47	+0.06%	遠雄	37,365.00	2.71	+0.43%
台泥	59,095.00	3.26	-0.13%	義隆	15,000.00	2.69	-0.35%
光寶科	46,497.00	3.24	-0.01%	健鼎	20,557.00	2.68	-0.06%
華碩	8,566.00	3.16	-0.21%	兆豐金	68,548.00	2.56	+0.08%
福懋	87,827.00	3.12	-0.09%	京城銀	51,216.00	2.56	+0.28%
南帝	25,000.00	3.06	-0.30%	技嘉	25,408.00	2.54	-0.29%
英業達	110,236.00	3.05	+0.18%	漢唐	9,930.00	2.25	+0.13%

小資必學 ETF 投資術：
認識 ETF 折溢價

近幾年台灣 ETF 蔚為流風元大台灣 50（0050）、元大高股息（0056）、國泰 ESG(00878)、富邦越南 ETF（00885）……，幾乎已經成為小資族們熱門投資的新焦點。許多小資族認為投資 ETF 簡單、省時、省力，甚至不用花太多心思研究。但其實小資投資 ETF，其實也是存在一些風險的！

在你決定夠買 ETF 之前，你是否搞懂投資 ETF 也存在一些投資風險了呢？你知道買進 ETF 的價格，可能是實際價值的好幾倍嗎？就讓一起來了解投資 ETF 的「折溢價」吧。

那 ETF 的價值到底是怎麼計算的呢？

你或許不知道，在 ETF 交易的過程中我們每天買到的

ETF 價格，其實並不是 ETF 真實的價格，你可能也不知道有時候交易成功的價格是超出 ETF 本身的行情，有時候買的是折扣，為什麼會這樣子？這一切都要從 ETF 的運作模式談起。

這邊我們就要解釋什麼叫做淨值，何謂是市價？

由於 ETF 本身有淨值，反應的是所持有的公司其市價總和，也就是 ETF 真實價值，而 ETF 本身也可視為是一檔股票，由於可以在股票市場中買賣，所以也有市價，反應的是目前市場上所有投資人交易買賣的成交價，通常來說一檔好的 ETF，其淨值跟市價兩者越接近越好，當兩者越接近，則表示其追蹤誤差越小。

· 認識 ETF 折溢價

折溢價是什麼？當你買東西買到比市場行情還貴的時候，我們通常都會很生氣，懊惱自己怎麼沒有做功課買貴了，導致多花了一些錢。但如果我們有機會可以買到比行情還便宜的價格，就會顯得非開心感覺賺到了，因為省下來的錢就相當於賺到。

- **ETF 淨值**（英文：Net Asser Value，簡稱 NAV）：指的是所持有標的市價總和，也就是這檔 ETF 的真實價值。若 ETF 解散下市，會根據淨值退還資產給投資

人。

● **ETF 市價（英文：Price）**：代表投資人願意付出的價格，投資人交易的並非 ETF 淨值，而是 ETF 的市價。

❶ **當 ETF 當市價 < 淨值代表 ETF 折價（英文 :Discount）**：
代表 ETF 的「市價」<「淨值」，例如價值 10 元的商品消費者僅願意用 8 元購買。

❷ **當 ETF 市價 > 淨值代表 ETF 溢價（英文：Premium）**：
當 ETF 的「市價」>「淨值」，例如價值 10 元的商品消費者願意用 12 元購買。

認識 ETF 折溢價

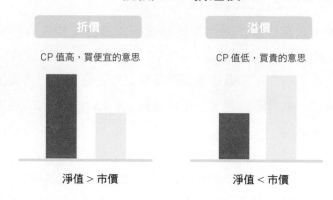

溢價較大的 ETF，第二天有補跌修正的壓力。

ETF市價跟不上淨值原因：

| 溢價 | 賣方惜售．買方積極 ➡ 市價跌幅 < 淨值跌幅 |
| 折價 | 賣方拋售．買方觀望 ➡ 市價跌幅 > 淨值跌幅 |

可能有投資人認為，折、溢價的概念這麼複雜，好怕自己算錯，這點大家可以不用擔心，ETF 折溢價的訊息都可以從台灣證券交易所的網站查詢或是下載台股 ETF 折溢價 App，都可找到即時估計的折溢價資訊。

（https://mis.twse.com.tw/stock/etf_nav.jsp ？ ex=tse）

✚ 小資投資人利用 ETF 折溢價找出買賣時機點

| 買入時機點：
折價特別大時 | 淨值 > 市價
（折價特別大時通常是較好的買入時機，
不適合賣出。） |
| 賣出時間點：
溢價特別大時 | 市價 > 淨值
（溢價特別大時是較好的賣出時機，不適合買進。） |

❶ 買入時機點：折價特別大時

當目前 ETF 交易價格市值低於 ETF 本身的淨值，這時候就叫做「折價」。而折價是因為 ETF 被大量賣出導致股價持續下跌，明明淨值就是 40 元，但還是有人想要盡快拋售，可能 36 元就願意賣出，這時候就會發生折價。如果小資要買 ETF，折價的時候比較適合買進，因為買的價位比真實價值還低，相對來說會買的比較便宜。若投資人不想買貴，則可將 ETF 的折溢價幅度控制在 − 0.1% ～ 0.1 % 這個區間。

小提醒：當台股重挫時仍要觀察大盤走勢，再決定是否進場購買。

❷ 賣出時間點：溢價特別大時

如果要買賣 ETF，溢價的時候比較適合賣出，因為賣的比實際價值還高，對投資人來說是可以賺到錢。在買賣 ETF 之前，還是要留意該檔 ETF 的折溢價狀況，當此檔 ETF 的市價超過本身淨值價格時，就稱做「溢價」；發生溢價是因為 ETF 投資人不停追高價格買進。

溢價是因為投資 ETF 的人不停追價購買，明明淨值只有 40 元，但是還是有人願意用 42 元買進這檔 ETF，這時候就會發生溢價。

認識 ETF 的
配息率與殖利率

現金殖利率 VS. 年化配息率差異

現金殖利率： $\dfrac{每單位配息金額}{淨值〔除息日前一日〕} \times 100\%$

年化配息率： 配息率 $\times$ 每年配息次數

　　小資一定常看到 XX ETF 即將要配息的相關消息，ETF 的配息來源主要有三項：

1. 投資的指數成分股每年配發的現金股利

2. 買低賣高的資本利得（價差的利潤）

3. 利息收入

ETF 基本上也是基金，所以 ETF 可以跟基金一樣計算年化配息率，如何計算？

假設某一檔 ETF 每季配息一次，等於一年配息四次，12 月配息 0.5 元，當時的價格是 30 元，配息率就是 0.5/30×100%=1.67%，（如果每一季都是領一樣）換算年化配息率就是 1.67%×4=6.68%

小資要找到配息率 5% 以上的 ETF 不難，不過配息率是會變動的，因為很有可能會碰到 ETF 每次配息金額落差很大的狀況，導致每次計算的年化配息率不一樣。

配息率是越高越好嗎？其實不一定，我們舉個簡單的例子，如果 ETF 配息 1 元，價格由 40 原變成 39 元 (除息)，之後要能漲回 40 元 (填息)，你拿到的配息才是真正的賺到，否則就是賺了配息，賠了價差。

每一檔 ETF 都有配息嗎？配多少？何時配？ 可以看 ETF 發行的投信公司網站會告，證交所「ETF 分配收益」也彙整了各家 ETF 的配息資料了。

證券代號	證券簡稱	除息交易日	收益分配基準日	收益分配發放日	收益分配金額 (每1受益權益單位)	收益分配標準 (102年度起啟用)	公告年度
00710B	FH彭博高收益債	110年09月17日	110年09月27日	110年10月19日	0.24	詳細資料	110
00711B	FH彭博新興債	110年09月17日	110年09月27日	110年10月19日	0.18	詳細資料	110
00712	FH富時不動產	110年09月17日	110年09月27日	110年10月19日	0.188	詳細資料	110
00771	元大US高息特別股	110年08月20日	110年08月28日	110年09月22日	0.18	詳細資料	110
00775B	新光投等債15+	110年08月19日	110年08月27日	110年09月17日	0.32	詳細資料	110
00701	國泰股利精選30	110年08月17日	110年08月23日	110年09月17日	0.25	詳細資料	110
00878	國泰永續高股息	110年08月17日	110年08月23日	110年09月17日	0.3	詳細資料	110
00881	國泰台灣5G+	110年08月17日	110年08月23日	110年09月17日	0.54	詳細資料	110
00891	中信關鍵半導體	110年08月17日	110年08月23日	110年09月22日	0.25	詳細資料	110
0050	元大台灣50	110年07月21日	110年07月27日	110年08月24日	0.35	詳細資料	110
006203	元大MSCI台灣	110年07月21日	110年07月27日	110年08月19日	0.19	詳細資料	110
006208	富邦台50	110年07月16日	110年07月24日	110年08月18日	0.314	詳細資料	110
00692	富邦公司治理	110年07月16日	110年07月24日	110年08月18日	0.172	詳細資料	110
00702	國泰標普低波高息	110年07月16日	110年07月24日	110年08月18日	0.28	詳細資料	110

參考網址：https://www.twse.com.tw/zh/ETF/etfDiv

　　對台灣小資存股族來說，能夠長期穩定配息的 ETF 有一定程度的吸引力，但不是所有的 ETF 都會進行收益分配，ETF 配息表協助投資人列出所有國內成分股 ETF，配息狀況及配息頻率 (季配、半年配、年配)，另外，玩股網網站列出近五年台灣 ETF 每年配息狀況，方便投資人判斷是否長期穩定配息，快速挑選出穩健的高殖利率 ETF。當年度殖利率係以當年度最後一個交易日收盤價做計算。

台灣 ETF 的殖利率近五年排行榜：

代碼	名稱	近五年平均		近五年配每年配息(元)					配息頻率 ⇅
		配息 ⇅	殖利率 ▼	2020	2019	2018	2017	2016	
0056	元大高股息	1.42	5.19	1.60	1.80	1.45	0.95	1.30	年配
00713	元大台灣高息低波	1.62	4.91	1.70	1.60	1.55			年配
00728	第一金工業30	1.88	4.77	2.64	1.12				半年配
00725B	國泰投資級公司債	2.13	4.76	2.13					年配
00730	富邦臺灣優質高息	0.85	4.75	0.84	0.75	0.98			年配
00742	新光內需收益	0.98	4.69	1.00	1.00	0.95			年配
00731	FH富時高息低波	2.28	4.62	2.09	2.27	2.49			年配
00712	FH富時不動產	0.92	4.44	1.25	0.94	0.56			季配
00882	中信中國高股息	0.68	4.36	0.68					年配
00770	國泰北美科技	1.14	4.06	1.14					半年配
0052	富邦科技	1.91	3.67	2.96	1.05	1.72	1.41	2.44	半年配
00701	國泰股利精選30	1.04	3.53	0.98	1.66	0.47			半年配
0050	元大台灣50	3.23	3.51	4.10	3.60	3.00	2.90	2.55	半年配

圖片來源：https://www.wantgoo.com/stock/etf/dividend

　　高配息 ETF 固然要看殖利率，但也要看填息速度，以及
能否填息成功，通常挑殖利率比較高的 ETF，因為填息缺口
會較大，填息難度自然較高時間可能也相對會拉長。此外，
除了殖利率以外，選擇高配息 ETF 也要觀察市場氣氛、當時
的股價位階以及產業趨勢，這些都會影響 ETF 填息速度或是
填息機率。

小資參與 ETF 除息操作注意事項

　　基本上除息日前一天買進就可以參與除息配到息，但是
否參與 ETF 除息有 3 個操作注意事項提供參考：

1. 配息前若報酬率達殖利率 2 倍以上，可賣一半等除息
   之後逢低買回。

2. 溢價 >1% 不追買（盤中下單可至證交所網站查詢）。

3. 從除息日到配息發放日平均是 4 週～ 5 週，也就是大
   約一個月的時間你的配息就入帳了。

以台灣最受歡迎的 ETF 0056 為例，每年 10 月下旬進行
配息動作，等到配完息，通常隔年第一季即會填息回來，根
據彭博資料統計，台灣加權股價指數過去五年（2016~2020
平均殖利率為 4.07%，2020 僅為 3.24%；0056 過去五年
(2016~2020) 平均殖利率為 4.99%，2020 為 5.4%，因此吸引資
金一路追捧，就連盤中零股交易開放以來，0056 都是熱門排
行榜的常客，在投資人積極湧入之下，成為 2020 年可以創下
史上最快速填息主因。

0056 迄今除息 11 次，歷年平均配息 1.19 元、平均配息
率 4.66%、平均填息天數 126 天，其中，2014 年僅 43 天便順
利填息達陣，2019 年也於同年順利填息、花費天數 69 天，
但 2020 年開快車，僅花 28 天不到一個月就完成填息。

✚ 0056 近十年填息速度統計

年度	填息天數	年度	填息天數
2009	74	2016	239
2011	114	2017	86
2012	198	2018	122(1.45 元)
2013	175	2019	69(1.8 元)
2014	43	2020	28(1.6 元)
2015	128		

註：( ) 為配息金額，2010 年未填息

資料來源：Cmoney 網站

ETF 分初級市場及次級市場

　　ETF 的交易也如同一般股票一樣可以分為初級市場交易和次級市場交易，不同的是一般上市公司股票只有在初次掛牌上市和現金增資才有初級市場交易，而一般時間則只有次級市場交易，但 ETF 則隨時都有初級市場交易和次級市場交易同時存在。

　　這主要是由於 ETF 有獨特的「實物申購買回」機制，「實物申購買回」機制簡單的說就是投資人透過經授權的證券商 (稱為參與證券商) 以一籃子的股票和 ETF 的基金管理人以對價的方式交換 ETF 受益憑證，或反過來以持有的受益憑證對價交換取回一籃子股票，這就是 ETF 的初級市場交易。

　　但是一般投資人要投資交易 ETF 並不需要經過複雜的初級市場交易，只需要如同一般股票在集中交易市場的交易一

樣，直接買賣 ETF 的受益憑證即可，這就是 ETF 的次級市場交易，提供一般投資人可以方便地參與 ETF 投資。

小資投資人參與 ETF 次級市場的方式：

1. 透過證券商下單購買對於經常進出股市投資人而言，ETF 買賣方式與股票相同，但交易成本比買賣股票更便宜（手續費約在 0.1425% 左右；證券交易稅：賣出價的 0.1%）投資人透過集中交易市場即可進行 ETF 的買賣，直接買賣 ETF 的受益憑證即可，這就是 ETF 的次級市場交易，提供投資人可以方便地參與 ETF 投資。

2. 透過銀行理專購買對於喜歡投資基金的投資人，ETF 除了透過證券商在集中交易市場進行買賣外，也可透過銀行通路進行單筆申購或定期定額長期投資。

了解 ETF 創造流程

　　一般來說 ETF 的績效貼近標的指數為目標，加上 ETF 可以像股票一樣很便利即時在證券市場交易，因此受到廣大投資人的喜愛，其 ETF 運作模式也越受關注，ETF 的交易模式雖與股票交易相同，不過流動性方面卻比股票多了一些機制設計。

　　首先 ETF 多了初級市場的交易管道，一般投資人多半透過次級市場買賣交易 ETF，但如果符合一定數量門檻（通常為 500 張）的大額投資人或券商也可以向發行公司申購或買回 ETF，因此 ETF 的發行單位不是固定的，而是可以透過申購或買回來創造或減少，以調節供需，與個股的籌碼總數相對是固定的特性非常不同。

　　再來為提升次級市場流通性，讓所有同投資人在正常市

況下，能夠用合理的價格買到 ETF，政府相關單位訂有 ETF 造市相關規範，規定上市櫃 ETF 一定要有一家以上的流動量提供者。

ETF 流動量提供者的角色與義務：

通常 ETF 流動量提供者是由具備具有參與證券商身份的證券自營商所擔任的，與 ETF 發行公司簽約，負責於次級市場掛單提供買賣報價，並回應買賣方的需求，以避免投資人於市場上想買而買不到，想賣而賣不掉的困境。因此流量提供者制度不僅增加投資人買賣 ETF 成交的機會，也使 ETF 的價格更為合理。

ETF小檔案
FH富時不動產 (00712)

基金簡介	
追蹤標的指數	富時NAREIT抵押權型不動產投資信託指數 (Bloomberg Ticker: FNMR Index)
風險收益等級	RR4
基金類別	台幣
成立日期	2017/08/09
基金經理人	許忠成

經理費率 保管費率	淨資產價值總額(新台幣元)	經理費率	保管費率
	未滿30億元(不含)：	0.35%	0.16%
	30億元(含)以上 ~ 100億元(含)：	0.30%	0.10%
	100億元(不含)以上：	0.25%	0.08%

申購買回基數	50萬個受益權單位或其整倍數
流動量提供者	永豐、凱基、元大
參與券商	臺銀、永豐、群益、國票、台新、玉山、國泰、凱基、富邦、元大、合庫、兆豐

2021/2/28 資產配置概況			
國家分布		房地產類型	
美國	99.40%	住宅型	61.44%
		商用型	37.96%

2021/2/28 基金前十大持股	權重
ANNALY CAPITAL MANAGEMENT IN	17.84%
AGNC INVESTMENT CORP	13.35%
STARWOOD PROPERTY TRUST INC	9.56%
NEW RESIDENTIAL INVESTMENT	6.53%
HANNON ARMSTRONG SUSTAINABLE	6.30%
BLACKSTONE MORTGAGE TRU-CL A	6.13%
CHIMERA INVESTMENT CORP	3.38%
TWO HARBORS INVESTMENT CORP	3.01%
ARBOR REALTY TRUST INC	2.93%
APOLLO COMMERCIAL REAL ESTAT	2.86%
合計	71.89%

資料來源：復華投信整理，資料日期：2021/2/28

ETF 創造步驟 step by step：

1. ETF 發行投信公司或基金公司發布一檔 ETF 的組成成分股

2. 授權參與者拿現金或等量成分股向 ETF 發行公司換取 ETF 單位

3. ETF 發行公司提供給授權參與者相對應的 ETF 單位數

4. 授權參與者把新拿到的 ETF 單位釋放到次級市場上供一般投資人交易

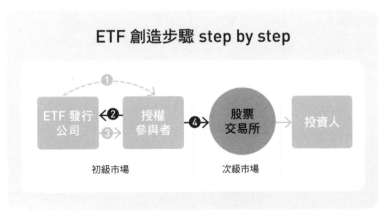

ETF 創造步驟 step by step

PS. 有些造市商同時也是授權參與者，但不是所有的造市商都有創造與贖回 ETF 單位的能力，兩者的存在都是在確保滿足買賣雙方的交易需求。

　　整個創造與贖回的流程都是發生在初級市場，能參與運作的授權參與者通常是大型投資銀行或法人才能參與，以前

一般投資人都是無法參與的，但現在政府已經開放在初級市場 ETF 募集的時候，一般投資人也能小額認購新的 ETF。

正向 ETF 的循環：

當 ETF 流動性越好，通常該檔 ETF 買賣就會越熱絡、造市商就能更好的在次級市場調節供需之間的買賣價差，授權參與者在初級市場也更能正常的創造與贖回，就能讓 ETF 的折溢價維持在很小的區間，這會吸引更多投資人來投資、更多造市商、授權參與者參與，一旦 ETF 流動性越來越佳，折溢價進一步縮小，就會形成 ETF 的正向循環。

認識 ETF 反分割、分割機制

　　證交所 2021 年 6 月 30 日表示為健全指數股票型基金（ETF）交易制度並促進市場發展，即日起基金公司可視 ETF 情況，依基金信託契約及召開受益人會議，執行 ETF 分割或反分割機制。

反分割 （類似股票的 「減資」）	指的是 ETF 受益權單位數合併以減少單位，ETF 淨值會等比例增加，能避免觸及下市門檻
分割 （類似股票 「增資」）	指將 ETF 受益權單位分割增加單位，ETF 淨值等比例減少，可提升 ETF 的價格吸引力和流動性

　　ETF 分割及反分割為資產恆等機制。ETF 分割機制是將受益權單位數分割以增加受益權單位，每單位淨值則等比例

減少，分割後可降低 ETF 單位淨值，提升 ETF 商品吸引力及流動性。

反之，ETF 反分割機制是將受益權單位數合併以減少受益權單位，每單位淨值則等比例增加，反分割後可提升 ETF 單位淨值，避免 ETF 因單位淨值過低而必須於交易所下市。

反分割及分割機制將率先適用於價格過高或過低的 ETF，例如超過百元的元大台灣 50，或是跌到 10 元之下的元大台灣 50 反 1。而此前有迫切存續需求的元大 S&P 原油正 2、期富邦 VIX 都已經清算。

證交所解釋，ETF 分割及反分割作業需停止初級市場申購贖回、次級市場買賣及轉換 5 個營業日，對投資人權益有重大影響；為保護投資人權益，需經受益人會議同意，始得辦理 ETF 分割或反分割事宜。

證交所說明，為維持 ETF 商品價格延續性，恢復買賣的交易價格以停止買賣前一日的收盤價乘以分割、反割比例；反分割作業產生的畸零受益權單位，基金公司將以 ETF 淨值計算應返還的現金退回給投資人。

✚ 股價超過 100 元的 ETF 最有可能分割：

代碼	ETF 名稱	收盤價 （2021/07/05）	週均量 （張）
0050	元大台灣 50	139.6 元	7255
00631L	元大台灣 50 正 2	135.9 元	2166
0052	富邦科技	125.6 元	865
00663L	國泰台灣加權正 2	123.05 元	22
00670L	富邦 NASDAQ 正 2	104.1 元	398

資料參考來源：錢線百分百

認識 ETF 重要的
指數調整

　　台灣股市中每一季都有所謂的「季度調整」，是每季編撰機構針對各公司評分後，調整基金內部成分股或權重，常見到的指數型基金像是台灣 50，當這些股票被納入或被剔除時，通常都會對股票造成不小波動。

　　常見的編撰單位有兩個，第一是富時 (FTSE) 和證券交易所共同編纂的台灣 50、台灣 100、台灣高股息等指數，第二則是 MSCI 編撰的 MSCI 全球指數。台灣 50 在每年三、六、九、十二月第一個星期五收盤後公布，公布當月後第三個星期五收盤後生效，而 MSCI 則是在每年二、五、八、十一月中收盤後公布，月底收盤後生效。

　　我們舉例 2021 年 6 月 4 日富時羅素公布有關臺灣 50 指數、臺灣中型 100 指數、臺灣資訊科技指數、臺灣發達指數

及臺灣高股息指數審核結果。相關成分股納入及刪除之變動將自 2021 年 6 月 18 日（星期五）交易結束後生效（亦即自 2021 年 6 月 21 日（星期一）起生效）。

臺灣高股息指數新調整：

(1) 成分股納入：友達 (2409)、群創 (3481)、超豐 (2441)、長榮 (2603)、南帝 (2108)。

(2) 成分股刪除：聯強 (2347)、神基 (3005)。

元大高配息 (0056) 就是追蹤台灣高股息指數，所以當指數成分股調整，0056 的成分股也會做調整，也就是會買入一定比例的友達 (2409)、群創 (3481)、超豐 (2441)、長榮 (2603)、南帝 (2108)。而把成分股遭刪除的聯強 (2347)、神基 (3005) 賣出。

所以小資投資人要去關心你所投資的 ETF 指數及成分股是多久調整一次，調整的內容為何，因為都會影響你的 ETF 之後的投資績效。

認識相關指標

對未來投資相關
ETF 走勢的判斷

重要判斷指標	一般走勢動向
台幣走勢：台灣、美國、香港的股市多由外資主導，所以多關注市場資金流動的方向有助於判斷市場將走向多頭或空頭。	台幣升，股市容易漲 台幣貶，股市容易跌
原油市場特性：原油的走勢大致與美元走勢呈現相反的情況	美元轉強→原油轉弱 美元轉弱→原油就會轉強
日股走勢特性：則多與日幣呈顯反向情況	若日幣漲，日股就會出現下跌趨勢反之日幣跌，日股會有上揚走勢
黃金商品特性：當經濟衰退或是局勢不明時，黃金的價格就有上升的機會。	黃金則是一項被認為是黑天鵝滿天飛的保險箱，在全球經濟局勢不明，或是大幅衰退時，投資人會將資金投入在相對保守的避險工具。

一般適合小資買進 ETF 五個時間點

 時間點一：
當景氣逐漸復甦，大盤空頭氣氛仍濃，買進 ETF。

在經濟景氣逐漸復甦，預料全球股市將由空轉多時，但如果小資投資人對於茫茫股海中個股的挑選有選擇困難又沒把握是不是買點，則可透過買進全市場型或區域型的 ETF 逢低佈局，搶賺波段行情。

 時間點二：
當外資大買台股時，買進 ETF。

一般來說外資操作台股時為了保全獲利、降低風險，會選擇大量買進的個股一定是獲利穩健、績優的大型股，而這

些優質大型股也往往都是 ETF 所對應指數的成分股，因此，當外資大買大型股大漲之際，相對應的指數、ETF 一定會跟著大漲，投資人可以買進相對應指數的 ETF，追蹤外資操作動向。

比如當台積電大漲時，中信關鍵半導體 (00891) 也會跟著漲，因為它的成分股中台積電佔了 (18.92%，2021.08.09)。

🌀 時間點三：
當台股大盤小漲不跌時，買進 ETF。

當大盤小漲不跌時，通常意謂著「大型權值股還沒有漲到」，表示股市裡的人氣還在，該輪到大型權值股發動，這個時候投資人搶先一步買進成分股是績優大型股的 ETF，可以有機會坐享波段股市漲幅利益。

🌀 時間點四：
當股市多空前景未明，行情續漲時，買進 ETF

在股市大多頭行情時，小資投資族可透過共同基金或股票進行主動式操作，但隨著股市漲多且個股履創新高的同時，在未來多頭行情前景不明之際，這時小資投資人往往覺得選股的困難度以高。此時加碼 ETF 可以降低追高的風險，除了參與主流股續漲的行情，亦可管理股市回檔的風險，是投資人居高思危，鎖住短線獲利的權宜之計。

時間點五：
當台股類股輪動快速時，買進 ETF。

健康的股市都是會輪動的，有時漲電子股有時漲傳產股，而當台股各類股輪動快速時，也意謂著股市裡的人氣不弱，但是手腳較慢或是忙碌的上班族根本沒有多餘的時間和精力，去追隨快速類股輪動的漲跌腳步。這時小資投資人此時只要買進 ETF，一樣能賺到台股類股快速輪動的獲利。

大部分台股各類股的績優公司一樣都是各種 ETF 指數的成分股（除了特定的產業指數例外），類股再怎麼輪動，這些 ETF 的成分股股價都會漲到，所以 ETF 和其對應的指數一樣可以緩步上漲，正是波段買進 ETF 的時點，投資人可根據市場趨勢，分別買進各類股 ETF，既可分散風險又不錯失類股輪動航情；相反地，當各類股出現快速輪流補跌時，投資人就要趕快考慮賣出 ETF。

小資購買 ETF 的
選擇七步驟

❶ 對投資 ETF 的主要目的

　　小資投資人在決定購買哪一檔 ETF 之前，需要花點時間想清楚三個重點。

　　首先，要問自己投資台股 ETF 是想讓自己的錢長大，還是每年有一筆不錯的利息收入？其次，可以接受多大的市場波動，也就是能接受賠多少？最後，這筆錢是短期投資，還是長期投資？這三個重點想清楚了，才能決定哪一檔 ETF 比較適合自己。搞清楚自己的投資目的，就能明確挑出符合符合自己投資目標的 ETF。

第一個重點	錢變大〔賺價差〕VS. 賺利息（領配息）
第二個重點	可接受多大的市場波動〔能容受賠多少〕
第三個重點	短期投資 VS. 長期投資

投資台股 ETF 想獲利賺價差？賺股息？ 選擇大不同

投資目的	賺價差	賺股息
投資標的＆主題可選擇 ETF 類型參考	台灣 50 類 ETF 台灣中型 100 ESG 5G AI	高股息 高息低波 優質高息 房產型
特性	股價高波動	股價波動小
配息	低配息	高配息（留意是否能順利填息）
適合族群	積極型、年輕人	穩健型，退休族
操作技巧	漲多不追高等回檔再買 定期定額長期投資	可長期投資 除息前 1~3 個月容易有除息行情

❷ ETF 選擇主題

從台灣市面上 220 檔 ETF，以 2020 年的投資報酬率來看，績效排名第一名的統一 FANG+（00757）搭上投資未來科技趨勢，以科技趨勢領先五大個股 Facebook、Apple、Amazon、Netflix 及 Alphabet (Google) 為核心，搭配其他最具未來性、成長性及話題性的科技股編製而成，領域橫跨 AI、社群媒體、電子商務、影音串流、新能源車等，讓它創造高達近 92％的投資報酬率。

第二名的富邦 NASDAQ 正 2（00670L）以美國 NASDAQ 上市股票為標的指數為主要投資標的，也讓它搭上美股熱潮，投資報酬率高達近 90％。

✚ 台灣 2020 年度績效排名前十名：

股票代號	股票名稱	今年以來報酬率 (%)	成立以來報酬率 (%)
00757	統一 FANG+	91.1006	129.7158
00670L	富邦 NASDAQ 正 2	89.4955	303.631
00673R	元大 S&P 原油反 1	85.423	22.6887
00663L	國泰臺灣加權正 2	68.4122	300.5979
00631L	元大台灣 50 正 2	68.1767	340.1764
00675L	富邦臺灣加權正 2	66.6667	245.8458

00685L	群益臺灣加權正 2	66.3562	204.8193
0052	富邦科技	58.5595	385.8789
00875	國泰網路資安	49.7525	49.7525
00639	富邦深 100	48.1057	5.194

資料參考來源：UDN　統計時間：2020/1/1-2020/12/31

　　所以小資投資人可以多多關注目前市場上的相關財經新聞，有沒有你特別關注熱門的話題或是題材，從這些財經相關新聞挑選自己有興趣的主題或產業作為選擇 ETF 投資的判斷依據，下面整理了台股近期熱門的主題性 ETF 提供給大家參考。

✚ 台股近期熱門主題性 ETF：

高股息	元大高股息 (0056) 國泰股利精選 30(00701) 元大高息低波 (00713) 富邦台灣優質高息 (00730) FH 富時高息低波 (00731)	5G／半導體	元大全球未來通訊 (00861) 元大未來關鍵科技 (00876) 國泰台灣 5G(00881) 中信關鍵半導體 (00891) 富邦台灣半導體 (00892)
ESG	富邦公司治理 (00692) 元大台灣 ESG 永續 (00850) 國泰永續高配息 (00878)	電動車	國泰電動車 (00893) 富邦未來車 (00895) 中信綠能及電動車 (00896)

自從 2020 年台積電（2330）引領台股衝過歷史高點後，半導體族群迎來近年最受關注的時刻，相關概念股人氣水漲船高不說，各大投信也紛紛抓緊機會，搶著發行相關行業的 ETF。

買不起台積電，買台積電概念 ETF

目前市場上近期有 2 檔最受關注的半導體 ETF 掛牌上市，分別是中信關鍵半導體 (00891) 及富邦核心半導體 (00892)。這些 ETF 有幾個共通性，其一是它們雖不名為「半導體」，不過卻和半導體產業息息相關；其次，是一致有著「台積電」的形狀，所以不難發現和去年上市的國泰 5G+，成分股極為類似。

這三檔台積電概念 ETF 都是銅板價格，市價都低於 20 元（2021/08/30）：

00891 現在 15.85 元，台積電佔持股 19.46%

00892 現在 16.09 元，台積電佔持股 22.79%

00881 現在 17.47 元，台積電佔持股 29.22%

因此如果你個人未來看好全球半導體相關產業發展或是看好台積電，然後買不起一張 600 多元的台積電，那可以考慮以半導體產業及台積電佔成分比重高的 ETF，像是中信關鍵半導體 ETF(00891)、富邦台灣核心半導體 ETF(00892)、國泰 5G ETF(00881)，都是大家可以考慮的投資標的，大家可以

好好來做相關的研究比較，再挑選出適合自己的投資選擇 。

　　另外小資族也可以考慮用每月定期定額 3000 元或 5000 元方式，來投資台積電概念 ETF 喔，共享台積電未來漲價的報酬喔！

✚ 半導體 / 台積電概念主題 ETF﹝銅板股﹞比較：

名稱	中信關鍵半導體	富邦台灣核心半導體	國泰台灣 5G
代碼	00891	00892	00881
追蹤指數	ICE FactSet 臺灣 ESG 永續關鍵半導體指數	ICE FactSet 台灣核心半導體指數	臺灣指數公司特選臺灣上市上櫃 FactSet 5G+ 通訊指數
上市日期	2021/05/28	2021/06/10	2020/12/10
上市價格	15 元	15 元	15 元
產業配置	100% 半導體	100% 半導體	94% 資訊科技 3.91% 通訊服務
前五大成分股﹝2021/07/30﹞	聯發科 台積電 （19.46%） 聯電 日月光控股 聯詠	台積電﹝22.79%﹞ 聯發科 聯電 聯詠 瑞昱	台積電﹝29.22%﹞ 聯發科 鴻海 聯電 矽力
配息頻率	季季配﹝每年 1、4、7、10 月﹞	半年配	半年配
風險等級	RR5	RR5	RR5

資料參考來源：各投信官網

❸ 挑選你所要投資的 ETF 標的物：

　　ETF 有不同的投資區域、投資範圍，比如說你可以選擇標的物為全球、台灣、美國、日本……等股票市場，亦可以選擇像是石油、黃金等商品型的 ETF。

　　舉例來說，如果小資投資人看好黃金未來走勢，去買「某基金公司之黃金基金」，買的其實是「開採黃金公司的股票」，而不是黃金本身；如果小資投資人買「某基金公司之能源基金」，買的其實是「石油公司的股票」，而不是石油。

　　所以如果看好黃金，除了可以去買「黃金存摺」和真的金幣或金條之外，小資投資也可以選擇「黃金 ETF」；石油也是同樣的道理。這些 ETF 們是投資真正的石油和黃金，而不是開採石油和黃金的公司股票。

❹ 確認 ETF 的基本面

首先投資人要先確認所持有的 ETF 十大基本面：

　　1. ETF 投資策略？

　　2. ETF 追蹤的指數？

　　3. ETF 成分股有那些

　　4. ETF 是否配息？

　　5. ETF 多久配一次？

　　6. ETF 一年的配息率？

　　7. ETF 指數及成分股多久調整一次？

8. ETF 內扣費用多少？

9. ETF 平均成交量？

10.ETF 的規模？

相關 ETF 介紹都可以上發行投信官網或 MoneyDJ ETF 專區查看。

國泰投信 Cathay Securities Investment Trust
國泰台灣ESG永續高股息ETF基金〈00878.TW〉 ＋觀察

| 盤中報價 | 技術分析 | 淨值表格 | 基本資料 | 配息記錄 | 分割合併 | 持股狀況 | 報酬分析 | 報酬走勢 |
| 報酬批比較 | 風險報酬 | 多空報酬 | 風險分析 | 相關分析 | 資金流向 | 五力分析 | 趨勢軌跡 | 投資策略 |

英文名稱	Cathay MSCI Taiwan ESG Sustainability High Dividend Yield ETF		
ETF名稱	國泰台灣ESG永續高股息ETF基金	交易所代碼	00878
發行公司	國泰投信	總管理費用(%)	
成立日期	2020/07/10 (已成立1年)	ETF市價	18.2100 (2021/09/30)
ETF規模	25,768.64(百萬台幣)(2021/08/31)	追蹤指數	MSCI臺灣ESG永續高股息精選30指數
投資策略	本子基金將運用指數化策略追蹤標的指數之績效表現，且將以MSCI臺灣ESG永續高股息精選30指數成分股與證券相關商品為主要投資標的，使基金整體曝險金額，含基金所持有之證券及證券相關商品，能貼近基金淨資產價值之100%，以達到控制追蹤誤差及追蹤差異值之目的。		

| 盤中報價 | 技術分析 | 淨值表格 | 基本資料 | 配息記錄 | 分割合併 | 持股狀況 | 報酬分析 | 報酬走勢 |
| 報酬批比較 | 風險報酬 | 多空報酬 | 風險分析 | 相關分析 | 資金流向 | 五力分析 | 趨勢軌跡 | 投資策略 |

配息基準日	除息日	發放日	幣別	短期資本利得	長期資本利得	配息總額
	2021/08/17	2021/09/17	台幣			0.300000
	2021/05/18	2021/06/21	台幣			0.250000
	2021/02/25	2021/03/31	台幣			0.150000
	2020/11/17	2020/12/18	台幣			0.050000

說明：[短期資本利得]為在一年之內買進而又賣出的資本；[長期資本利得]是買進資本一年後才賣出的資本。

國泰台灣ESG永續高股息ETF基金-持股明細

資料日期：2021/08/31

股票名稱	持股(千股)	比例	增減	股票名稱	持股(千股)	比例	增減
仁寶	46,474.00	4.13	+0.28%	遠東新	27,870.00	3.25	+0.03%
光寶科	16,716.00	3.97	-0.15%	中信金	36,412.00	3.25	+0.05%
開發金	71,680.00	3.95	+0.07%	遠傳	13,512.00	3.23	+0.08%
英業達	40,191.00	3.79	+0.17%	富邦金	9,792.00	3.23	+0.41%
永豐金	67,812.00	3.75	+0.09%	華碩	2,537.00	3.19	-0.23%
緯創	35,173.00	3.74	-0.01%	國泰金	13,749.00	3.18	+0.31%
兆豐金	29,068.00	3.70	+0.01%	可成	4,876.00	3.16	-0.25%
台泥	18,562.00	3.49	-0.26%	統一超	2,834.00	3.14	+0.08%
南亞	9,980.00	3.47	+0.13%	廣達	9,828.00	2.99	+0.07%
國巨	1,822.00	3.39	-0.53%	統一	10,550.00	2.96	-0.01%
台灣大	8,419.00	3.30	-0.06%	群聯	1,629.00	2.70	-0.28%
鴻準	12,787.00	3.29	+0.26%	南亞科	10,129.00	2.61	-0.21%
世界	5,711.00	3.28	+0.74%	中華電	5,982.00	2.60	-0.05%
第一金	36,796.00	3.27	+0.12%	微星	4,423.00	2.24	-0.28%
聯強	15,614.00	3.26	+0.08%	友達	32,357.00	2.21	-0.35%

❺ 選擇 ETF 成立時間 & 成交量

　　一般來說選擇 ETF 的成立時間較久一點，才能了解他過去的投資運作績效、交易量……等相關資訊。成立時間越長，代表長期間可以適應市場波動而存活下來，投資人在評估 ETF 時也能查詢比較多的資料。

　　ETF 與一般股票一樣有交易量小造成的流通性不佳的狀況，流通性較小的 ETF 容易產生折價溢價的問題，因此選擇資產規模大的 ETF 比較能隨著資金規模提升而調降總開銷費用，並且分散投資在大型公司的持股相對穩健，往後造成被清算的風險也較低。

　　股票市場內的交易量大小代表著流動性的大小及人氣高

低，通常熱門的 ETF 每天成交量幾百萬股，但冷門的 ETF
卻幾乎只有幾千股。有時交易量小的 ETF 會發生想買但買不
到，而想賣的時候又賣不掉的窘境，因此交易量、資產規模、
受益人都是可以評估 ETF 流動性的一個好指標，當交易量越
高、流動性越高、買賣價差也就越小。

✚ 2021 台灣十大人氣 ETF：

排名	代號	純台股原型 ETF	資產規模 新台幣（2021/07/30）	ETF 受益人數（2021/07/30）	台積電佔比（2021/07/30）
1	0056	元大高股息	799.37 億	418,128	
2	0050	元大台灣 50	1824.56 億	323,881	46.9%
3	00881	國泰台灣 5G	349.05 億	300,759	29.2%
4	00878	國泰永續高股息	218.25 億	180,550	
5	006208	富邦台灣 50	143.29 億	101,754	47.2%
6	00891	中信關鍵半導體	86.41 億	82,507	19.5%
7	00692	富邦公司治理	110.69 億	68,024	41%
8	00850	元大台灣 ESG 永續	97.48 億	63,441	28.5%
9	00892	富邦台灣半導體	70.04 億	56,812	22.8%
10	00888	永豐台灣 ESG	48.12 億	56,449	23.7%

資料參考來源：Cmoney 統計時間 :2021/07/31

最後在 ETF 流動性部分，若日平均成交量偏低，容易墊
高投資成本或降低獲利、提高損失，還有部分 ETF 有停止交

易、下市或清算條款的適用，投資人不可不慎。

❻ 依投資性格來挑選適合自己的 ETF

「一樣米養百樣人」，每一個投資人人都有其獨特的思考模式與個性，有的人天性較為保守穩健、有的人則積極主動、有的人行事衝動、有的人行為謹慎等等，這些種種的個人特質我們通稱為「屬性」。而每個人不同的思考模式與個性也會影響到個人的投資策略及行為，若在投資者選擇投資標的與策略時，與自己的投資屬性正好相反，則可能會嚴重影響投資效益。

人的個性千奇百種，但在投資行為上，我們可以簡單歸納為三種投資屬性，不同的投資人性格也有適合的 ETF，以下簡單舉例不同投資性格適合的國內人氣 ETF，提供給小資投資人參考：

投資性格	ETF	代碼	追蹤指數	配息
積極型	國泰台灣5G	00881	臺灣指數公司特選臺灣上市上櫃 FactSet 5G+ 通訊指數	半年配
	中信關鍵半導體	00891	ICE FactSet 臺灣 ESG 永續關鍵半導體指數	季季配
穩健型	國泰永續高股息	00878	MSCI 臺灣 ESG 永續高股息精選 30 指數	季季配
	富邦台灣50	00628	臺灣 50 指數	半年配
保守型	元大高配息	0056	臺灣高股息報酬指數	年配
	國泰股利精選30	00701	低波動股利精選 30 指數	半年配

⬤ ❼ ETF 主題相同績效也不同

　　投資 ETF 最重要的還是要仔細看追蹤的指數及裡面的成分股，以及判斷成分股未來的成長性。因為 ETF 就是基金，包含了幾十檔的成分股，ETF 的股價一定會貼近淨值，絕對不可能因為強勁的買盤就一直漲不停。

　　這幾年電動車主題很熱，你很看好未來電動車的市場及爆發力，那市面上相關的 ETF 你就好好研究，我們舉前陣子募集很火的兩檔電動車相關的 ETF，一個是國泰智能電動車（00893），另一個是標榜未來移動趨勢的「富邦未來車 ETF 基金」（00895），雖然都是標榜電動車 ETF，但是追蹤指數不同，成分股不同，最後 ETF 的績效也會有不同，我們接下來做詳細分析說明。

　　從兩者的基本資料中可發現，00893 和 00895 除了指數、掛牌時間外，其餘部分都非常相像，像是成分股數（皆 30 檔）、發行價也都是非常很親民的 15 元，最近台灣各投信新發行的 ETF，在發行價格上確實有愈來愈便宜的趨勢。而在內扣費用（經理費與保管費）、風險報酬等級上也都相同，小資投資人同時要注意的是，這 2 檔電動車 ETF 在收益分配上，都是不配息的。

　　不過最重要、也是它們最大的不同之處，就在於追蹤「指數」。小資要了解一檔 ETF 可不可以買、值不值得投資，最重要的指標之一，就是從它的指數開始了解起，因為不同指數有不同的運作方式和選股邏輯，不只會影響成分股的組

成、比重，當然也會影響 ETF 的績效表現。現在就來看看，這 2 檔 ETF 在本質（指數）上是如何運作的。

這兩檔 ETF 各有其追蹤指數，00893 為 ICE FactSet 全球智能電動車指數、00895 則為 MSCI ACWI IMI 精選未來車30 指數。究竟兩檔的差異為何？小資投資人該怎麼選？兩檔ETF 的成分股頗接近，均含特斯拉與輝達這兩家全球大廠，並且追蹤指數的成分股也有 10 檔重複。

00893 追蹤的指數為「ICE FactSet 全球智能電動車指數」，從下表中可發現它的指數選股邏輯，不外乎就是企業夠大（市值大）、流動性要好（成交量大），以及「電動車營收占比要達 50% 以上」這些條件所篩選出來的成分股，就是鎖定全球電動車產業，囊括上中下游一條龍電動車供應鏈的主要企業。

這樣條件下所選出來的成分股，就會是只聚焦在以電動車為高度發展重心的企業上，也就是說即便公司從事電動車產業相關，但只要上述其中一項條件未達標，就沒辦法擠身為成分股的行列，所以 00893 又被稱為「純電動車」ETF。

再從 00893 成分股名單中很明顯可看到，清一色皆為電動車產業高度相關的企業，分別以輝達（NVIDIA CORP）、特斯拉（TESLA MOTORS INC）和蔚來汽車（NIO Inc），位居比重前 3 名。

但相反的 00895 該 ETF 投資標的不限於電動車上下游，涵括未來移動 4 大趨勢：智慧電網、車聯網、自駕晶片、新

能源發展，且擴及自動駕駛及未來共享運輸的趨勢。因該檔成分股除有特斯拉及相關科技概念股外，還有傳統車廠，且納入共享經濟產業。

由於 00895 也投資福斯、豐田、通用等知名傳統車廠，這些車廠近年來積極轉型生產電動車，未來一旦轉型成功、產能開出，可能有機會勝過目前年產 50 萬輛的特斯拉，但就權重而言，00895 持有特斯拉與輝達的合計占比達 38%，明顯高於 00893 的 29%，以特斯拉、輝達的熱門局勢看來，若這兩家大廠股價上漲，00895 的受惠程度較高。

雖然 2 檔電動車 ETF 在選股邏輯上的不同，但在前 3 大成分股上卻很有共識，2 檔 ETF 中輝達和特斯拉的比重皆名列前茅！不過 00895 比重第 2 大的成分股，是以半導體為主的護國神山台積電（TSMC），相較於 00893 前 10 大成分股中沒有台灣企業，倒成為另一種投資亮點（目前 00893 中唯一一檔台灣企業為台達電，比重為 2.92%）

✚ 兩檔台灣超人氣電動車 ETF 超級比一比：

兩個電動車 ETF 比較	國泰智能電動車（00893）	富邦未來車（00895）
掛牌時間	2021.7.1	2021.8.12
發行投信	國泰投信	富邦投信
追蹤指數	ICE FactSet 全球智能電動車指數	MSCI ACWI IMI 精選未來車 30 指數
上市價格	新台幣 15 元	新台幣 15 元
經理費	0.9%	0.9%
保管費	0.2%	0.2%
指數調整頻率	每年兩次（4 月，10 月）	每年兩次（5 月，11 月）
是否有配息	不配息	不配息
投資項目與比重	自駕車與相關聯科技（44.28%） 純電動車廠（30.03%） 電化學與能源儲存技術（19.10%）	自駕車與相關聯科技（44.4%） 純電動車廠（22.5%） 電動車傳統車廠（22.5%）
成分股數	30 檔	30 檔
主要成分股	NVIDIA Corporation（17.25%） TESLA, INC.（12.6%） NIO INC ADS（9.01）	TESLA, INC.（19.61%） 台積電 TSMC（18.84%） NVIDIA Corporation（18.6%）
風險等級	RR4	RR4

資料參考來源：MoneyDJ, 時間：2021.08.09

　　提醒一下，這類電動車綠能相關未來科技仍須 5 ～ 10 年的發酵時間，所以投資者須有長期投資持有的心態，如果非常看好未來電動車相關經濟，小資投資人可考慮採定期定額方式購入此類 ETF。

　　最後由於這 2 檔電動車 ETF 都是 2021 年才發行的，都是非常的新的 ETF，尚還無法在報酬上做中長期（3~5 年以上）的觀察和比較；簡單來説，若是小資投資人想要做電動車產業「線」的投資布局——想聚焦在高純度電動車的產業鏈上，或是非常看好電動車單一產業的未來，也許可以選擇考慮投資 00893；相反地，若是想要做電動車「面」的投資、想投資更廣的未來汽車相關運輸產業，00895 可能會是比較適合投資選擇之一。另外還有中信電動車相關的 ETF 及永豐電動車相關的 ETF 可以做選擇。

| 理 | 財 | 筆 | 記 |

FINANCIAL NOTES

第四章

適合小資投資 ETF 的六種買進賺錢法（上）

小資族聰明賺錢術

　　縱橫股市的必勝標準法則為「買低賣高」，過去投資人使用個股來波段操作，而個股股價動盪較劇烈，也無法具體代表該產業類股指數，即使投資人看對趨勢，也常會面臨選錯股票的一些窘境。

　　而 ETF 背後所代表的一籃子股票正是廣泛地代表著某一個特定市場、指數、類股，所以小資投資人可善用 ETF 來進行投資操作，再也不用擔心賺了指數、賠了價差，透過 ETF 鎖定某一個市場，不僅排除了選股上的疑慮，在類股續漲時也能參與獲利，減少錯過投資的遺憾，一旦類股回檔時，透過平均布局分散風險，也能大大降低投資虧損的幅度。

◎ 小資投資 ETF 四種投資策略比較：

　　小資族投資 ETF 目前可以有四種簡單的 ETF 投資策略，包含了新 ETF 募集申購、定期定額、定期不定額、一次買進、低買高賣，可以依自己手邊的資金、投資性格、投資知識經驗…，選擇一個比較適合自己的方式來開始進行投資。

	新 ETF 募集申購	定期定額	一次買進存股	低買高賣
投資頻率	大概平均 1-2 月一次	固定每月一次	選好時間，一次下手	不一定
資金門檻	一張 15000 元開始申購（現在流行 15 元價格）	最低 100 元（永豐金證券）	相對較高	相對較高
優點	可以買到初級市場的價格	可以買到相對平均成本，維持投資紀律	可以視自己的手邊資金自由決定	可以視自己的手邊資金自由決定
缺點	要看何時有新 ETF 可以申購	不適合短期投資	要選對投入的時間較有利	要花時間研究技術面
適合的投資人	想把定存放大的小資族	想存錢的小資族	高資產族或是對於大盤走勢、ETF 走勢有把握的資深投資人	對於大盤走勢、ETF 走勢有把握的資深投資人

　　那小資投資人如何買 ETF 才會賺錢了？這邊 Dr.Selena 分享了六種自己長期研究的賺錢法，提供給大家參考，相信可以看看那一種賺錢法最適合目前自己的財務狀況、投資風險性格、可忍受的波動、追求的投資報酬率、短期長期投資……。

✚ 小資投資 ETF 的六種買進賺錢法：

新 ETF 申購賺錢法	定期定額 投資法	低波高息 領股息
五萬元 打造月配息	當房東 每季收租金	海外投資 資產配置

小資 ETF 賺錢法一：
新 ETF 募集聰明賺錢法

　　之前台股掀起一波參與新股申購熱潮，抽籤抽到的人現賺幾萬塊，可惜實在是太難抽中，幸運抽中的人好像中樂透一樣，投信要推出一檔新的 ETF，在上股市掛牌交易前，會有一段募集期，向大眾募集資金，投資人不用抽籤就買得到。新募集的 ETF 沒有抽籤問題，想買就買，那是不是趁 ETF 還沒上市就趕快買進，可以買在最低點？還是等掛牌後再看看呢？

　　現在銀行的定存非常的低，很多不到 1%，如果加上每年通膨 2~3% 的話，辛苦賺的錢存在銀行真的會越存越少。所以小資族不能只是傻傻的把錢放銀行，要努力把錢變大，讓錢去幫你生錢！

　　之前 Dr.Selena 有一筆定存大約 200~300 萬之間，因為從

資產配置的概念不能把所有的錢都放股市，所以就去存高利定存，但現在低利時代，利息真的很低，後來我決定提前解約把所有的錢都領出來，記得當時可愛的銀行先生還提醒我說，提前解約會扣利息幾千元，我當時霸氣的說：『我之後很快地會賺回好幾倍的幾千元』，他好奇的問我是什麼樣的投資方式，我回答：「小資新 ETF 募集聰明賺錢法」。

這個方式也是 Dr.Selena 經過長時間的實驗觀察，並自己親身嘗試二年後，覺得真的如當初自己所觀察的，是可以把定存快速放大，幾乎穩賺不賠的小資賺錢法！現在一起來學習 Dr.Selena 自創神奇的『新 ETF 募集賺錢法』，相信如果你認真學起來的話，可以把買書的 300 多元至少可以賺回數十倍的錢喔！所以書中自有黃金屋，特別是 Dr.Selena 老師的書！

首先大家都要知道每一家投信公司，每一年都會努力發行新的 ETF，像 2020 年六月國泰投信首創募集的國泰 ESG 高配息 ETF(00878)，主打小資市場，所以也是第一次把 ETF 的價格訂在 15 元，新鮮的主題加上強調 ESG+ 高配息，果然造成市場大轟動，之後每一檔新的 ETF 幾乎都訂在 15 元。那為何投信要積極地推出新的 ETF 了，大家知道投信賺的也像基金一樣會收管理費 (相對收得比較少)，就像飲料廠商每年夏天不斷要推出新飲料一樣，要搶佔便利商店的架上通路，當商品越多時，公司獲利就有機會增加！

現在小資投資人也可以參與 ETF 初級市場的機會

新 ETF 上市前 IPO 現金申購（成立日前）：

過去標榜一籃子股票概念的 ETF，因為申購門檻較高（實物申購需以一籃子股票來換 ETF，所需金額龐大），通常是大戶或機構投資人才有能力參與的，非機構投資人或是一般小資投資人通常是無法參與初級市場。

但為了推廣 ETF，近年台灣相關主管機關已經核准投信公司得以採用 IPO 現金募集方式，讓小資投資人也可在 ETF 掛牌上市前就可以直接向投信或其他銷售機構提出現金申購申請，一同參與 ETF 初級市場的造市機會。

光在 2020 台灣一年就有 12 檔 ETF 產品問世，可說是熱鬧非凡。那這麼多檔的 ETF 自然不是每一檔都交出好的表現。大抵上來講，投資題材與大盤指數、科技、電子半導體相關的表現良好，其餘則就相對落寞了。一般來說一年通常會有 7~12 檔的新 ETF 上市，如下圖所示，從去年六月到今年七月就有元大未來關鍵科技 (00876)、國泰永續高股息 (00878)、國泰台灣 5G+(00881)、中信中國高股息 (00882)、富邦越南 (00885)、中信關鍵半導體 (00891)、富邦台灣半導體 (00892)、國泰智能電動車 (00893)⋯。

而自從國泰永續高股息 (00878) 以 15 元定價成功打響市場，目前所有新的 ETF 定價大多是訂在 15 元，一張 15000 元，

讓所有小資族也可以用少少的錢參與新 ETF 募集！

上市日期	證券代號	證券簡稱	發行人	標的指數
2021.07.01	00893	國泰智能電動車	國泰證券投資信託股份有限公司	ICE FactSet 全球製能電動車指數
2021.06.10	00892	富邦台灣半導體	富邦證券投資信託股份有限公司	ICE FactSet 台灣核心半導體指數
2021.05.28	00891	中信關鍵半導體	中國信託證券投資信託股份有限公司	ICE FactSet 台灣 ESG 永續關鍵半導體指數
2021.04.19	00885	富邦越南	富邦證券投資信託股份有限公司	富時越南 30 指數
2021.02.04	00882	中信中國高股息	中國信託證券投資信託股份有限公司	恒生中國高股息率指數
2020.12.10	00881	國泰台灣 5G+	國泰證券投資信託股份有限公司	台灣指數公司特選台灣上市上櫃 FactSet 5G+ 通訊指數
2020.07.20	00878	國泰永續高股息	國泰證券投資信託股份有限公司	MSCI 台灣 ESG 永續高股息精選 30 指數
2020.07.07	00876	元大未來關鍵科技	元大證券投資信託股份有限公司	iSTOXX 全球未來關鍵科技指數
2020.03.30	00875	國泰網路資安	國泰證券投資信託股份有限公司	納斯達克 ISE 全球網路資安指數
2019.11.25	00865B	國泰 US 短期公債	國泰證券投資信託股份有限公司	彭博巴克萊美國短期公債收益指數

圖片來源：台灣證券交易所

https://www.twse.com.tw/zh/page/focus/newly.html

IPO 現金申請的三種管道

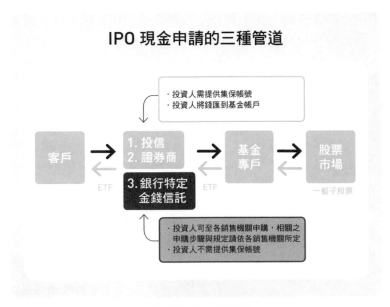

圖片參考：富邦投信官網

Dr.Selena 新 ETF 聰明賺錢法

　　新的 ETF 在上市前會努力宣傳讓大家願意去申購，當募集的金額越多，代表基金的規模越大，他的管理費也會有機會賺越多，所以投信公司通常會拼命的宣傳，而在 IPO（Initial Publish Offering 公司首次發行股份的銷售）上市的第一週通常發行的投信公司也會努力的宣傳造市，希望有很多的投資人來買進，所以在上市的第一週也比較容易像新上市的股票

有個上市的蜜月行情，另外小資在募集期間認購 ETF，最大的優點就是可以省下 0.1425% 的交易手續費。

新 ETF 認購的賺錢三步驟：

step1：新 ETF 申購

step2：ETF IPO 當月有高點賣出

step3：ETF 下跌後可考慮再低接回來

Step1:	Step2:	Step3:
認購新 ETF	IPO 上市當月投信造市有高點賣掉	之後下跌可考慮再陸續低接

新 ETF 募集聰明賺錢法大公開：

心法 1：ETF 上市第一週有高點賣出，如之前 Dr.Selena 把定存解掉後，申購國泰 ESG 永續高配息 (00878) 200 張，上市後一個月內有高點賣出，15 元買進，15.7~15.8 元賣出，報酬率可以有機會 6.6%。

心法 2：通常 ETF 上市後可能會遭遇各種狀況及賣壓，

有機會下跌跌破 15 元申購價，國泰 ESG 永續高配息 (00878) 後續跌到 14 元附近，如果那時勇敢低接，買在 14.5 元，之後等高點 18 元附近賣掉，就樣報酬率半年內大概 24%。

　　所以這兩種心法都是小資可以賺錢的方式，以 00878 申購為例，從 6%~24%，如果加起來半年內的報酬率大約 30%，原本投資的 300 萬，就變成 390 萬元了，快速的把你的定存從 1% 提高到 30%，完成讓你的錢聰明變大的夢想！

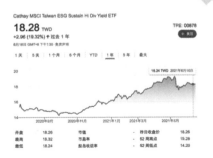

　　關於一年最新的 ETF 募集資料，大家可以上中華民國證券投資信託暨顧問商業同業公會網站查詢：

收件日期	會員編號	申請公司	基金名稱	首次募款或追加	轉證期局審查日期	證期局核准日期
20210720	A0025	永豐證券投資信託股份有限公司	永豐台灣智能車供應鏈 ETF 證券投資信託基金	首次募集	20210722	
20210708	A0036	安聯證券投資信託股份有限公司	安聯 AI 收益成長多重資產證券投資信託基金	首次募集	20210709	
20210609	A0007	瀚亞證券投資信託股份有限公司	瀚亞 ESG 動態多能新興市場高收益債券證券投資信託基金	首次募集	20210611	
20210603	A0003	第一金證券投資信託股份有限公司	第一金台灣核心戰略建設證券投資信託基金	首次募集	20210610	
20210510	A0012	華南永昌證券投資信託股份有限公司	華南永昌實質豐收組合證券投資信託基金	首次募集	20210512	
20210423	A0020	日盛證券投資信託股份有限公司	日盛越南機會證券投資信託基金	首次募集	20210428	
20210201	A0035	鋒裕匯理證券投資信託股份有限公司	鋒裕匯理全球投資等級綠色債券證券投資信託基金	首次募集	20210218	
20210127	A0010	富邦證券投資信託股份有限公司	富邦台灣核心半導體 ETF 證券投資信託基金	首次募集	20210303	20210510
20210118	A0026	中國信託證券投資信託股份有限公司	中國信託台灣 ESG 永續關鍵半導體 ETF 證券投資信託基金	首次募集	20210121	20210427

圖片來源：中華民國證券投資信託暨顧問商業同業公會網站

https://www.sitca.org.tw/ROC/Industry/IN2501.aspx ？ PGMID=FD0201

　　一般新的 ETF 上市是有固定的流程的，Dr.Selena 這邊幫大家整理一下：

　　我們以中國信託台灣 ESG 永續關鍵半導體 ETF 來舉例：

step1：向證期局申請

step2：ETF 證期局申請核准

step3：ETF 公開募集 (通常是核准後的兩週，公開募集的時間通常是 3~4 天左右)

step4：ETF IPO(通常是公開募集後兩週時間)

　　注意：也就是從你申請後大概有 2~3 週的時間你的資金會被卡住，要等上市後賣出後的兩天，你才會再收回這一筆錢。但因為原本 Dr.Selena 的設定就是定存的錢，所以本來就是不太會去用到的錢，因此這樣的投資方式也算活化你的定存的賺錢投資法！

新 ETF 上市整個流程

| ETF 上市申請 | ETF 上市核准 | 公開募集 | ETF IPO 上市 |

新 ETF 申購挑選法：

那大家會好奇，是每一檔新的 ETF 都要參加募集嗎？答案當然不是，因為每一檔的 ETF 也會有差異性，通常 Dr.Selena 自己會從以下幾個角度來挑選是不是參與新 ETF 申購：

因為每一檔 ETF 都是由不同投信公司所發行的，投信公司的特性及條件也會間接影響了 ETF 後續的投資績效，這邊 Dr.Selena 將自己長期研究之後，用來評估新 ETF 是否申購的條件

1. ETF 主題領先市場性：

每一家投信都希望自己家推出的 ETF 可以廣受投資人的青睞，因此在規劃 ETF 的主題都要花很多心思跟上市場的趨勢或獨家創新引領市場風潮，所以 ETF 的主題是非常重要的，比如說 2020 年國泰投信跟上全球個大投資機構慢慢對企業要求符合 ESG 的要求，而 ESG 代表 Environmental(環境)、Social(社會)、Governance(公司治理)，是一種企業責任、永續投資的概念，近年來全球越來越多投資人用 ESG 分數，來衡量一間企業的社會責任表現，認為這個分數能衡量企業的外部風險，看出一間公司未來績效。

所以國泰投信一推出國泰永續高股息（00878），加上低價 15 元一張，及季配息的高配息率，當然一推出就引起市場的轟動，創下很好的成績。

因此投信的主題領先市場性也是一個選擇的很重要指標。

2. ETF 資金募集能力

每一家投信申請新 ETF 募集時都需要申購募集額度，募集額度的大小決定了以後 ETF 的基金規模，當然基金規模越大，代表市場是投資人認同度越高，ETF 基金經理人有比較多的籌碼可以運用，當然相對的 ETF 的績效也比較容易有較好的表現，所以 ETF 的資金募集能力也是一個選擇的很重要指標。

像下圖富邦未來車 ETF 當初申請的募集額度就是 150 億，也算是相對較大的募集金額。

富邦未來車 ETF 基金	股票型	蔡宗勳	110/7/27- 110/6/21	110/5/26	110/7/9	150E
中國信託特選小資高價 30ETF 基金	ETF	張逸敏	110/6/21	110/6/21	110/7/7	-

3. ETF 通路能力

每一家投信推出的每一檔 ETF 除了自家的銷售通路之外，也會跟其他的券商有合作，當然通路越多，就越方便投資人可以申購，像中信投信推出的中信小資高價 30ETF 就會跟其券商合作，包含了元大證券、凱基證券、永豐金證券……，如果合作的證券也多，投資人越容易用自己原本的

券商就可以直接申購，相對的也是方便許多，所以投信的通路能力，也是投資人在做評估要不要申購的一個參考指標。

4. ETF 造市能力

每一檔 ETF 上市 IPO 時都需要靠投信本身的造市宣傳能力讓這一檔新的 ETF 廣受投資人的喜愛，所以投信的新 ETF 造市能力很重要，我們舉例像 2021 年富邦投信推出富時越南 ETF（00885），眼光望向去年開賣的中信越南機會基金，帶

動新一波基金申購。台灣投資人掀起越南股市投資熱，坊間也出現幫人去越南開戶的代辦公司，詐騙謠言四起。所以富邦推出越南 ETF 想參與越南股市行情，更是引起台灣投資人瘋狂搶購，富邦越南 ETF 首日股價從開盤 15 元漲到 18 元，溢價幅度高達 16% 超越國泰 5G ETF。

　　當然不能從只看一檔新 ETF 的表現就斷定一家投信公司的造市能力好壞，基本上還是要觀察投信公司之前每一檔新 ETF 上市後的表現，因此投信 ETF 的造市能力也是小資選擇是否要參加新 ETF 募集申購的一個評估重要指標。

國內 主要投信比較	ETF 主題領先 市場性	ETF 資金 募集能力	ETF 通路能力	ETF 造市能力
元大投信	★★★★★	★★★★★	★★★★★	★★★★★
國泰投信	★★★★★	★★★★★	★★★★★	★★★★★
中信投信	★★★★★	★★★★	★★★★★	★★★★
富邦投信	★★★★★	★★★★★	★★★★★	★★★★
永豐投信	★★★	★★★	★★★★	★★★

製表：Dr.Selena　（資料以 Dr.Selena 自身參與每檔新 ETF 募集所觀察比較，僅供參考）

新 ETF 年賺 30% 的神奇賺錢法

　　之前提到 Dr.Selena 把定存的 300 萬用來投資新的 ETF 申購實驗，近一年來 Dr.Selena 申購了 7~8 檔，從 00878 國泰永續高配息、00881 國泰 5G、00882 中信中國高配息、00885 富

邦越南、00891 中信半導體、00892 富邦半導體、00893 國泰電動車…，每一次申請 200 張，一張 15000 元，共 300 萬，每一次大概在上市一月內找高點賣出，累積下來最高有機會可以賺 180 萬！

但是也不能保證每一檔新 ETF 上市都會有蜜月行情，所以還是要謹慎的評估適合自己的 ETF 來做投資！

> **報酬率試算：**
> **180 萬 /300 萬 *100%=60%**
> **跟銀行定存 1% 比較 = 60%/ 1%=60 倍**

所以別再傻傻地把錢存在銀行讓通膨吃了你辛苦工作存下來的錢，設法學會新 ETF 募集申購賺錢法，就有機會輕鬆把你的錢放大，讓晚上睡覺時你的錢也能努力去幫你賺錢喔！

✚ 新 ETF 募集 IPO 賺錢法大公開

近一年 新上市 ETF	募集價格	成立時間	上市一月漲幅	報酬率	最高獲利
00878 國泰永續 高配息	15 元	2020/07/10	500~1000	3.3%~6.6%	200,000
00881 國泰 5G	15 元	2020/12/01	500~1000	3.3%~6.6%	200,000

00882 中信中國 高配息	15 元	2020/01/27	500~1000	3.3%~6.6%	200,000
00885 富邦越南	15 元	2021/03/30	1000~3000	6.6%~20%	600,000
00891 中信 半導體	15 元	2021/05/20	500~1000	3.3%~6.6%	200,000
00892 富邦 半導體	15 元	2021/06/02	500~1000	3.3%~6.6%	200,000
00893 國泰 電動車	15 元	2021/6 月底	500~1000	3.3%~6.6%	200,000

✚ 新 ETF 募集聰明賺錢法大公開

新 ETF 募集聰明賺錢 法投資策略	將定存 300 萬解到，投入新 ETF 申購， 每次申購 200 張，共 300 萬 一年 6~7 次，每次一月內賣光， 累積下來 最高可以賺 180 萬
新 ETF 募集聰明賺錢法 年報酬率統計	新 ETF 募集年報酬率統計 180 萬 /300 萬 =60% 跟銀行定存 1% 比較 = 60%/ 1%=60 倍

新 ETF 申購方式：

一般來說新的 ETF 有兩種申購方式：

發行投信 線上申購	向自己的券商 營業員申購

1. 向發行的投信線上申購

可以搜尋投信的官網，一般都提供線上申請的方式，請按照申請步驟去申請就可

2. 向自己的券商申購

如果你想申購的該檔 ETF 你的券商剛好也有協助銷售，

可以透過你的券商銀行業去申購（如果你是線上下單，因為每一家券商都會配一個營業員協助，所以如果不知道你的營業員也可以打電話給你的券商去詢問，就會找到你的專屬營業員），營業員會提供你申購表單（申請表單如下圖所示）填寫完畢後回傳給你的營業員，在指定的時間內匯到該 ETF 的指定帳戶就完成申購了。

通常申請後的兩週你的 ETF 就會上市了，在上市的前一天就會把你所申購的新 ETF 撥到你的證券戶集保帳戶，等著上市的那一天你就可以自由地賣掉該檔新的 ETF 了！

| 理 | 財 | 筆 | 記 |

FINANCIAL NOTES

第五章

適合小資投資 ETF 的六種買進賺錢法（下）

小資 ETF 賺錢法二：
從每月最少 100 元開始
定期定額投資 ETF

2021 以來台股指數持續挑戰新高，吸引許多小資族、存股族投入股市。根據金管會統計，2021 年 6 月底定期定額購買台股與 ETF 投資人數累計 55 萬 785 人，較去年同期增加 108.9%。其中超過四成是 40 歲以下小資族，根據券商統計，五成投資人每月扣款金額約 5,000 元。

+ 台灣定期定額購買台股與 ETF 歷年統計：

年度	累積人數（萬人）	累積交易金額（新台幣億元）
2017 年底	4.66	12.05
2018 年底	8.89	49.2
2019 年底	17.41	107.38
2020 年底	37.96	278.67
2021 年 6 月	55.08	455.43

2017 年 6 月金管會開放券商辦理客戶定期定額購買台股及 ETF　　資料參考來源：UDN

　　目前金管會統計可做定期定額買進的台股標的商品計有約 100 檔 ETF 與 150 檔股票，觀察發現，投資人的年齡占比，40 歲以下超過 46%，41 歲到 50 歲約 30%，相較大盤投資人 40 歲以下不到三成，顯示定期定額投資台股主要仍以年輕小資族居多。

　　對忙碌的現代人來說，每天辛苦忙於工作且照顧家庭，實在沒有太多的時間與精力管理投資。此外，對大多數小資族來說，一次拿出一大筆錢來投資也是有困難且也是會害怕。但我們可以照巴菲特的建議，每天好好認真努力工作，每月定時定額的進行投資。

　　也因此近年來定期定額存股這種懶人投資法似乎已經成為了小資族們最愛的理財投資方式，因為一個月只要花幾千元就可以輕鬆學投資買零股或 ETF，不用花到好幾萬塊以上買一整張股票，對於資金不多的小資族壓力也能比較小一點。

以下為台灣十大定期定額 ETF 提供給大家參考：
台灣十大定期定額 ETF 排行榜

排名	定期定額 ETF（含整股及零股）	交易戶數
1	元大台灣 50（0050）	108,505
2	元大高股息（0056）	90,663
3	富邦台灣 50（006208）	43,467
4	富邦公司治理（00692）	27,179

5	國泰台灣 5G（00881）	19,810
6	國泰永續高股息（00878）	17,327
7	元大台灣 ESG（00850）	12,088
8	富邦上證（006205）	6,596
9	富邦科技（0052）	6,125
10	富邦越南（00885）	5,413

資料來源：台灣證交所集保結算所〔持有人數〕統計時間：2021/07/31

定期定額投資方式，是最常被用在共同基金與 ETF 操作上的一種方法，當然它因為投資方法和概念輕鬆簡單，也常常被用在股票或其他的投資操作上。定期定額的英文叫做 dollar cost averaging，就是買在平均成本的意思。

定期定額的意思就是小資投資人，每隔固定一段時間，買進一筆固定的金額的投資策略；每期固定扣款，不管投資標的是漲或是跌，運用長期平均法降低成本。

也就是説，定期定額就每月自存款帳戶中撥出一筆固定金額的懶人理財方式。

例如：

小美每個月固定撥出 3000~5000 元，投資買 0050 或 0056，並持續進行。

定期定額投資最大優點在於，可以幫你買在「平均成

本」，這方法並不會幫你買到最便宜，但也不會買太貴。它可以讓買進 ETF 進場時間點對你績效的影響相對變小。反之如果你選擇單筆投資買進 ETF，判斷 ETF 高低點就很重要，判斷能力對投資結果的好壞變化也可能很大。

在學習投資時，我們除了要判斷投資標的物的好壞，也還要判斷進場點是否合適。

而選擇定期定額投資 ETF 時，你只需要找到一個好標的 ＥＴＦ 就行了，雖然它不會幫你獲利最大化，但可以幫你用最省力的方式賺到比較理想的報酬率。

適合小資投資人 定期定額存的 ETF

1. 不會下市：原型 ETF 連結標的是股票，不是期貨、反向
2. 發行公司要大才能維持基金規模，股票 ETF 下市條件 <1 億
3. 投資組合最好超過 30 檔，才能有效分散非系統性風險
4. 定期檢視組合，若發現績效不佳或規模大幅縮小應立即 調整標的 (轉換)

ETF 名稱	代碼	價格	適合新手投資人理由	股息殖利率（2020）	配息頻率
富邦台灣 50	006208	78.1	貼近大盤	2.63%	半年配
富邦公司治理	00692	34.84	貼近大盤	3.03%	半年配
元大高股息	0056	33.27	股息受益	5.41%	年配
元大高息低波	00713	43.49	股息受益	4.82%	年配
國泰永續高股息	00878	18.24	價格親民穩定配息	2.63%〔近三季〕	季配
富時不動產	00712	14.12	價格親民穩定配息	5.98%	季配

統計時間：2021/08/14 收盤價

適合定期定額投資 ETF 的關鍵是投資標的最好有以下 2 個特性：

1. 不能選越攤越平的標的：

不能是有長期持續下跌特性的投資標的物，因為當投資人買越多賠越多，越攤越平，即使將來有機會可以漲回來，但如果 5-10 年後才漲回來就報酬率會太差太，避免挑到這種標的應該不是太難。

2. 價格中短期常有漲跌循環：

這種做定期定額操作的操作優勢在於，價格便宜的和價格貴的都會買到，如果確定它不會長期向下的前提下，用「停利不停損」的方式可以固定一段時間就賺到價差。

定期定額獲利試算：

MoneyDJ 網站提供了 ETF 定期定額報酬率試算的功能，大家可以試算每個月用你打算投資的金額 (比如說每月 3000 元或是 5000 元) 及選擇你想投資的 ETF 標的來做獲利試算。

定期定額　定期定值　定期定股

ETF 定期定額報酬率試算

標的代碼：| 0056.TW | 元大台灣高股息基金
開始扣款日：| 2007/12/13 |
贖回日：| 2021/09/30 |
每月扣款日：| 1 |
每次扣款金額：| 1000 | 美元 ∨
（以最新報價可買到850.34股）

股利是否再投資：◉是 ○否
手續費收費方式：◉無 ○前收 ○後收 ○買賣均收
手續費率：| 0.1425 % 或 | 0 元

試算

1.不足一股以四捨五入處理　　2.以收盤價作為交易價格
3.指定扣款日未開市，遞延至下一個交易日

網址參考：https://www.moneydj.com/etf/x/Tool/Tool0001.xdjhtm

💰 小資投資定期定額有三種致富策略：

小資積極掌握住定期定額三種不同投資策略，可以讓你更安心的長期投資。

策略一：定期定額投資 3 年以上，可以先停利賣一半

定期定額屬於中長期的投資計劃，通常不建議小資投資人進進出出。但是若已投資 ETF 三年以上，已經累積不少金額，再加上目前全球股市都在歷史新高位置。

根據過去經驗，如果美國開始減少購債或是開始升息

後，接下來全球股市容易會進入盤整期或是修正期。由於我們不確定全球股市何時會開始反轉，最簡單的方法就是先賣出一半，停利不停扣，持續定期定額。

這樣既可以先將獲利實現落袋為安，也能讓總資產不承擔過大反轉風險。後續若全球市場出現反轉或修正機會時，也有足夠的資金可以再加碼投資。

策略二：定期定額 1 年，持續投資，觀察市場訊號

若小資開始定期定額投資 ETF 時間還不到一年，顯示進場投資該ＥＴＦ時間不夠長，目前累積資金不多，因此可以承擔較大風險。

建議你維持目前投資紀律，後續可觀察投資市場訊號來行動。若想要長期投資者，則可持續投資，掌握下跌撿便宜機會。

策略三：定期不定額投資，留意加減碼時機

小資定期定額投資時可以再聰明搭配微笑曲線的特性，適時的定時不定額投資，主要是採取高檔適度減碼，低檔積極加碼的投資策略。但前提是小資族必須對目前所投資股市位階有一些掌握。

我們舉台股為例來示範定期不定額的參考作法：

以上是以台股為例，其他股市也可比照參考相關股市指數區間，做為加減碼參考。由於目前美股及台股股市位在相對高點，建議定時定額投資金額應該降至最低。如此更能發揮高點少買，低點多買的效果，降低投資風險。

定期定額投資 ETF 的四大優點：

優點 1. 可以節省投資研究時間

這是定期定額最棒的好處，畢竟投資研究分析買進價格高低點的時間成本是比較昂貴的。

優點 2. 符合一般小資族資金運用

大多數投資人幾乎都是每月領薪水，穩定持續性的現金流很適合定期定額 ETF 這種持續的進行投資。

優點 3. 可以長期有紀律投資

通常人性都是大跌下去不敢買、漲上去不敢追高，但是選擇用定期定額投資 ETF 的方式，可以解決投資需要的紀律問題。

優點 4. 報酬合理長期持有

很多時候我們會為了等待一個比較低的買進價格，可能錯過大多頭波段漲幅，但定期定額除了給你合理報酬，還能讓你持續抱著，就可以避免這種錯過多頭的投資機會。

定期定額投資 ETF 的三大缺點：

缺點 1. 無法賺更多

如果你是有能力判斷 ETF 買進高低點的人，那就不需要用定期定額投資法，因為抓到高低點你能賺更多的價差。

缺點 2. 若標的持續下跌還是會虧錢

許多人最常有的迷思就是：「定期定額是穩賺不賠的？」

實際上如果買到一直跌的就還是會賠錢，即使加碼攤平之後漲回來也要考慮時間成本，相對的整體年化報酬率也可能很低。

缺點 3. 定期定額 ETF 不適合喜歡短線操作的人

　　定期定額重要精神是買在相對「平均成本」，只要談到平均值概念都必須是中長期，否則短期內仍會受到買賣價格高低而影響報酬率。

台灣目前提供 ETF 的券商參考

　　台灣國內股票、ETF：部分券商有提供部分標的可定期定額功能

　　近年台灣有券商開始陸續推出定期定額存股或存 ETF，但不是每家券商都有這功能，也不是所有股票、ETF 標的都有開放可以定期定額，大多是比較大的公司、知名 ETF，才允許可以定期定額投入。

小資族選擇最適合的 ETF 定期定額存股平台

　　統計至 2021 年 6 月底為止，已有富邦、凱基、元大、華南永昌、永豐金、國泰、元富、兆豐、第一金、台中銀、土地銀行、群益金鼎及國票 13 家證券商承辦台股與 ETF 定期定額業務。

　　目前台灣市面上這麼多定期定額存股的平台，小資投資者該如何選擇呢？下表是 Dr.Selena 為大家搜集各家券商網站資料，統整比較各家最低手續費、最低扣款金額、可投資標的、可選扣款日等，方便投資人可以輕鬆選擇適合自己的 ETF 投資平台。

✚ 2021 台灣目前定期定額 ETF（股票券商平台比較表）

2021定期定額存股各家券商比較

好老公選股APP

	最低手續費	最低門檻 投資級距	可選擇標的	扣款日
富邦	1元	1,000元 （投資組合最低3000元） 1,000元	✓21檔富邦投信ETF ✓5組富邦證設計投資組合	6、16、26日
元大	1元	1,000元 1,000元	✓16檔台股 ✓11檔ETF(0050、0056等)	6、16、26日
國泰	1元	1,000元 1,000元	✓79檔台股 ✓86檔ETF(0050、0056、00878等)	6、16、26日
凱基	1元	1,000元 1,000元	✓148檔台股 ✓65檔ETF(0050、0056等)	3、13、23日
永豐金	1元	3,000元 100元	✓86檔台股 ✓31檔ETF(0050、0056等) ✓15組智能組合	6、16、26日
華南永昌	1元	3,000元 500元	✓44檔ETF(0050、0056等)	8、18、28日
元富	1元	1,000元 1,000元	✓所有上市櫃個股(含ETF)	任選
玉山	1元	1,000元 1,000元	✓149檔台股 ✓165檔ETF(0050、0056、00878等)	5、10、15 20、25日
群益	1元	3,000元 1,000元	✓41檔台股 ✓9檔ETF(0050、0056等)	5、15、25日

＊手續費為成交款項的0.1425%，由於零股成交金額較低，券商設有最低手續費。

好老公選股APP團隊整理

統計時間：到 2021 年 8 月資料來源：各券商網站資訊（實際資訊可能會有變動，正確資訊以各券商網站資訊公開為主）

定期定額投資 ETF 的申購流程參考：

今天就如何每月用 100 元，以永豐金「定期定額存台股」平台為你 step by step 介紹申購流程！

一、圖解【定期定額存台股申購流程】

■ 定期定額第一步：上到「豐存股官方網站」，登入證券帳號。

■ 定期定額第二步：至商品頁選擇你喜愛的商品，按下「買入」。

（商品頁選項，也提供平台上的人氣 TOP 10 存股標的供參考。）

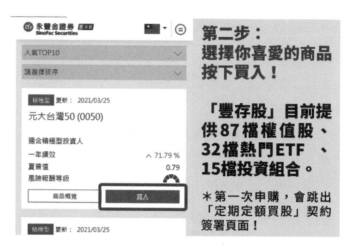

第二步：
選擇你喜愛的商品
按下買入！

「豐存股」目前提
供 87 檔權值股、
32 檔熱門 ETF 、
15 檔投資組合。

＊第一次申購，會跳出
「定期定額買股」契約
簽署頁面！

■ 定期定額第三步：選擇您願意每月自動扣款的存股金
額，最低門檻為 100 元起，以每百元為申購級距。

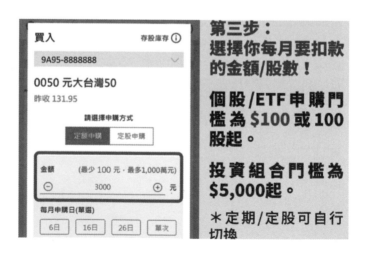

第三步：
選擇你每月要扣款
的金額/股數！

個股/ETF 申購門
檻為 $100 或 100
股起。

投資組合門檻為
$5,000起。

＊定期/定股可自行
切換

■ 最後一步：從每月 6 / 16 / 26 三個日期中，選擇你最
舒服的扣款日。

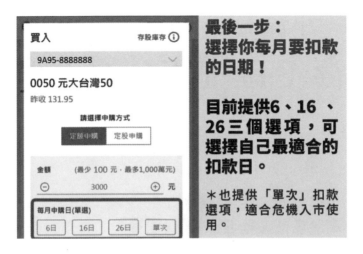

Dr.Selena 強烈建議小資族可以選擇月初扣款，因為大部
份上班族都是月初發薪，先強迫自己快點把錢拿出來投資，
才不會一到月底錢都花光光啊！

小資 ETF 賺錢法三：
存 ETF 固定領配息

小資存股 ETF 新選擇：
高股息低波動 ETF 真有出息

　　小資一次單筆買進的策略就是直接把錢全部買進 ETF。但報酬率會因為買進的時間點而有所不同，若在大盤相對高點時買進，會讓報酬率較低。但在選對標的的前提之下，總體來說，報酬還是會勝過定存的。股市老生常談的硬道理是：「高股息，是震盪行情下最好的安慰劑。」

　　台灣一般投資人特別喜愛配息型標的 ETF，且有配息還不夠，最好還要每年能配得高又穩，而同時滿足「高息」、「分散風險」且「價格波動低」這 3 大特色的標的，可在投資組合裡增加採取高股息、低波動的投資標的。當投資工具愈來愈多樣化，但能讓小資投資人抱得安心，具有定期配息

的投資工具，一直是最能夠被接受的投資標的，從全球低波動 ETF 的檔數與規模呈現高速成長現象可見一斑。

　　目前台股當中有四檔強調高股息、低波動的 ETF，分別是在 2017 年 09 月 27 日發行的元大台灣高息低波（00713）、2018 年 4 月 20 日正式掛牌上市的 FH 富時台灣高息低波（00731）、2017 年 8 月 17 日上市的國泰股利精選 30（00701），除了考量追蹤指數、成交量、內扣費用之外，挑選低波動高股息的 ETF，也可以從成分股去做比較。

　　我們可以看一下 2021 年 1~7 月七檔國民 ETF 績效勝過大盤，其中有兩檔低波高息的 ETF 元大台灣高息低波（00713）、FH 富時台灣高息低波（00731）整體績效贏過台股大盤指數漲幅（含配息），所以低波高息的 ETF 非常適合想追求穩定高配息的小資投資人！

✚ 七檔國民 ETF 績效勝過大盤（2021 1 月 ~7 月）

排名	ETF 代碼	ETF 名稱	前七個月報酬率
1	00733	富邦台灣中小	+67.5%
2	0051	元大中型 100	+31.1%
3	00713	元大台灣高息低波	+24.9%
4	006204	永豐台灣加權	+24.6%
5	0055	元大 MSCI 金融	+22.3%
6	006201	元大富櫃 50	+21.8%
7	00731	FH 富時高息低波	+19.3%
		台股〔含息〕	+18.6%

圖片資料參考：非凡錢線百分百

ETF 投資小學堂：

什麼是 Smart Beta(智慧因子) ？

ETF 不盡然都是被動投資，可能也會有主動投資的成分。

Smart Beta 非完全被動

所謂的 Beta，為一種風險係數，主要用來衡量股票或某投資組合相對於基準指標 (大盤指數) 的價格波動狀況，一般而言被動操作的指數股票型基金 (例如：元大台灣 50ETF)，其操作邏輯主要採取市值加權方式，其 Beta 值會趨近於 1。

Beta(β) 指個股 ,ETF, 基金價格與市場大盤指數變動的相關性。

Smart Beta(智慧因子) 則是透過非市值加權，增強一個或多個不同因子對 ETF 進行選股及固股權重上的優化，以實現超越傳統 ETF 獲取的 Beta 收益，較常看見的如：高股息、高品質、低波動、價格動能等因子，希望讓投資組合績效有機會達到更好的效果。

也就是說，智慧因子（Smart Beta）的 ETF 結合了被動式＋主動式的投資操作邏輯，透過主動式篩選出特定因子的指數並採取被動方式追蹤其表現，進而創造出智選型的 ETF。

構面	一般 ETF	Smart Beta ETF
交易策略	被動執行	主動管理 + 被動執行
投資報酬率	追求市場平均報酬率	追求超額報酬率

其中以具備「低波動＋高配息」特性的 ETF 成為基金公司主力投資目標，下表剖析 4 支低波高息 ETF。

低波高息 ETF 1：元大台灣高息低波（00713）

從台灣證券交易所上市之普通股股票中選取市值前 250 大，20 日均成交金額大於 800 萬之股票，再依股利率、營運穩定度、權益報酬率、價格動能、股利發放品質、獲利能力、營運現金流、波動度等，以算術平均計算綜合分數，選取前 50 檔上市公司股票，並以最小變異數法進行因子加權，最後再以計量化模型計算出最佳持股權重，降低投資組合波動，

讓基金達到高股息、高品質、低波動之優勢。

元大台灣高息低波 ETF 以高股息為投資目標，藉由高品質因子拉高指數報酬，再運用低波動因子守護獲利，層層嚴格過濾後，計量化篩選出之優質持股，可讓其績效更加穩健，更適合讓投資人作為長期持有之資產配置標的。

追蹤的指數是臺灣指數公司特選高股息低波動指數

從台灣上市市值前 250 大，且 20 日成交平均大於 800 萬的股票中，依照以下 8 項因素綜合排名，選出 50 檔股票：

1、最近 1 年的股利率。

2、營運穩定（前 8 季的純益和最近一期比較）

3、最近一季權益報酬率。

4、過去一年價格變動。

5、近 3 年股利與盈餘的比值。

6、最近一季的盈餘與股價比值。

7、最近一季現金流量與市值比值。

8、近 252 日日報酬標準差。

選出成分股之後並且以這些指標作為指數加權基準。每年 6 月和 12 月各調整成分股一次。

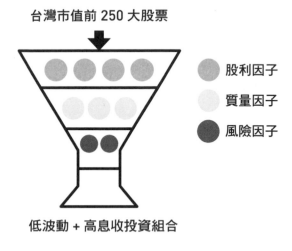

台灣市值前 250 大股票

股利因子

質量因子

風險因子

低波動 + 高息收投資組合

圖片參考來源：元大投信官網

⑤ 低波高息 ETF 2：
富邦道瓊臺灣優質高息 30ETF（00730）

追蹤的指數是道瓊臺灣優質高息指數。

　該指數成分股的基本條件為：

1、台灣上市櫃公司股票。

2、過去 3 個月平均每日交易量 3000 萬台幣以上。

3、流通市值 100 億台幣以上。

4、連續 5 年發股利。

從以上符合基本條件的公司中依下列 4 條件：

1、現金流量 / 負債 比例。

2、股東權益報酬率。

3、股息殖利率。

4、五年股息成長率。

低波高息 ETF 3:FH 富時高息低波（00731）

FH 富時高息低波（00731）於 2018 年上市，追蹤的指數是富時台灣高股息低波動指數（FTSE Taiwan High Dividend Low Volatility Index）

該指數從台股上市前 150 支股票中：

1、依照過去 12 個月配息率，選出 60 支股票。

2、再從這 60 支股票中，依照波動度（過去 252 個交易日的波動）選出 40 支股票。

每年配息 1 次，2018 年 2.492 元、2019 年配息 2.266、2020 年 2.09 元，殖利率接近 3%~5% 左右。以流通市值加權。每年 3 月會更新一次成分股。

低波高息 ETF 4: 國泰股利精選 30 (00701)

以臺灣低波 30 指數為追蹤標的，提供主要訴求為波動低且定期配息，以 Smart Beta 策略進行成分股定期調整，精選殖利率高、波動度低之個股，國泰股利精選 30 在 2020 年的時候奪下殖利率最高的 ETF 冠軍。國泰投信曾表示，國泰股利精選 30 指數考量的是：市值、財報獲利、平均成交股數、是否連續發放現金股利這四項，再選出波動度較低的 30 檔股票。

　追蹤的指數是台灣指數公司低波動股利精選 30 指數。
　該指數成分股的基本條件：
1. 台灣上市公司。
2. 流動性足夠：過去 3 個月成交股數佔總數 20% 以上或平均成交股數在一億股以上。
3. 符合認購（售）權證上市審查準則。
4. 符合基本股利發放指標。

由其中選取特定短中長期的報酬標準差綜合計算，得出波動最小的 30 支家股票。選出之後以流通市值加權，每年 10 月會進行成分股審核。

✚ 高配息低波動成份股組成適合小資族

四檔台灣高息低波 ETF 比較			
名稱	元大台灣高息低波	富邦道瓊臺灣優質高息 30ETF	FH 富時高息低波	國泰股利精選 30
代碼	00713	00730	0731	00701
股價 （2021.8.2）	44.17 元	21.79 元	58.95 元	25.01 元
近一年殖利率	3.84%	3.87%	3.5%	3.92%
規模	3,461.30 （百萬台幣） （2021/06/30）	1,409.50 （百萬台幣） （2021/06/30）	149.27 （百萬台幣） （2021/06/30）	4,122.66 （百萬台幣） （2021/06/30）
追蹤指數	台灣指數公司特選高股息低波動指數	道瓊斯台灣優質高股息 30 指數	富時台灣高股息低波動指數	臺灣指數公司低波動股利精選 30 指數
成份股 前五大 產業佔比	金融（23.08%） 電腦及週邊設備 （13.74） 食品（13.63） 貿易百貨（8.64） 通信網路（7.48）	水泥（20.21%） 電腦及週邊設備 （13.99%） 生技醫療 （10.15%） 電子零組件 （8.47%） 半導體（7.98%）	金融保險 （44.40%） 塑膠（11.37%） 電腦及週邊設備 （11.30%） 通信網路 （10.26%） 食品（5.97%） 水泥（5.79%）	金融（62.64%） 通信網路 （12.44%） 水泥（6.02%） 塑膠（5.74%） 食品（5.68%）
前 5 大持股	統一 統一超 台灣大 第一金 光寶科	亞泥 台泥 光寶科 南帝 漢唐	富邦金 台塑 國泰金 中華電 中信金	中華電 富邦金 國泰金 中信金 台化
投資屬性	穩健型	穩健型	穩健型	穩健型
風險報酬等級	RR4	RR4	RR4	RR4

資料參考來源：MoneyDJ　統計時間：2021.07/30

　　小資族與保守散戶能開始分批買進或定期定額這些低波高息 ETF，進行長期投資，等到經濟回升後，便能收割美好結果。

　　低波高息 ETF 能夠在短短時間崛起，深獲台灣投資人喜愛的原因，主要是因為低波高息 ETF 擁有三大優勢。

優勢一：抗跌 + 領漲

　　較保守投資人多喜歡選擇抗跌的投資工具，市場下跌時不會跌太多，損失相對少，但通常這類型投資工具在市場行情轉為多頭時也會漲的相對較慢。所以長期投資下來，總報酬可望優於其他投資工具。

優勢二：低波動 ≠ 牛皮股

　　一般投資觀念是高報酬來自於高風險，但低波動智慧因子 (Smart Beta) 指數長期表現卻遠優於大盤指數，因為低波動透過智慧因子（Smart Beta）策略篩選全球優質好公司，例如投資人耳熟能詳的富邦金、鴻海、台塑等 (註：以上個股僅為呈現臺灣低波 30 指數最新的成分股舉例，無特定推薦之意圖)，這些好公司獲利能力佳，所以投資能獲得較佳報酬，而籌碼穩定所以波動低，因此低波動絕對不等於牛皮股。

優勢三：可享定期配息勝過定存報酬率

　　許多低波動的 ETF 配息率也相對穩定，是最能夠讓投資

人安心選擇的好標的，且低波動的優點讓投資人隨時都是進場的好時點，加上定期配息，適合退休規畫等中長期投資，是現代人必備的核心資產配置工具。

高配息 ETF 同場加映：
小資投資致富新選擇
ESG ETF

　　2020 年當「國泰永續高股息」ETF（00878），在 7 月
20 日正式掛牌上市，募集一周即有 68 億元，受益人數超過
2 萬人，成為台灣基金史上 IPO 金額最大的台股 ETF 超越了
另一檔國民 ETF 0056，其實 00878 所追蹤的即為由國泰投信
一起攜手全球最大指數公司 MSCI，共同打造的台灣版永續
指數「MSCI 臺灣 ESG 永續高股息指數」，其從外資投資台
股的重要參考指標「MSCI 台灣指數」中，挑選出符合條件
ESG 分數高，且長期具高殖利率之 30 檔績優個股。

　　那到底什麼是 ESG 了，Dr.Selena 就來為大家一一解釋說
明：ESG 的字義代表三個英文字的縮寫 Environmental(環境
議題)、Social(社會責任)、Governance(公司治理)，是一種
企業責任、永續投資的概念，ESG 近年來全世界投資人重視
的指標，用來衡量一間企業的社會責任表現，認為這個綜合

分數能比較客觀真實的衡量企業的外部風險，看出一間公司未來經營績效。

ESG 引領全球投資新思維

E 環境議題　　S 社會責任　　G 公司治理

- E:Environment 公司對環境的關懷
- S:Social 公司對社會及文化的考量
- G:Governance 公司治理的規劃

ESG 為何對企業越來越重要，因為如果企業獲利良好ESG 分數不及格，企業龍頭企業財報即使好看也會入相關投資人的黑名單，其一顯例，規模直逼全球最大對沖基金橋水的北歐最大私人保險公司 Storebrand，曾經同樣基於 ESG 投資原則而列出一長串投資黑名單。

ESG 既然這麼重要，那投資人一定開始花些心思，認識這個正逐漸改變投資世界的 ESG 投資新浪潮了。因此Dr.Selena 幫大家整理了近期台灣三個主要熱門的 ESG ETF的相關資料整理起來給大家參考，大家可以研究一下那一個ESG ETF 比較適合自己未來的投資新選擇。

　　要了解一檔 ESG ETF，必須了解它所追蹤的指數，因為不同的指數所篩選的持股成分也會不同，自然在最後的績效報酬表現上也會有所差異，且這 3 檔 ESG ETF 所追蹤的指數也都不同，更需要了解所追蹤指數的差異為何。

ESG ETF	元大台灣 ESG 永續	國泰永續高息股	永豐台灣 ESG 永續優質
股票代碼	00850	00878	00888
2021/10/6 收盤價	33.75 元	17.99 元（2020/7/20 掛牌）	15.72 元（2021/03/23 掛牌）
追蹤指數	FTSE（富時）台灣永續指數	MSCI 台灣永續高股息指數	FTSE Taiwan Target Exposure ESG Index
涵蓋 E.S.G	E+S+G	E+S+G	E+S+G
主要特點	注重 ESG	ESG+ 高股息	ESG+ 高股息
配息評價日	採年配息（10 月）	採季配（2.5.8.11 月）	採季配（1.4.7.10 月）
投資屬性	穩健型	穩健型	穩健型
風險報酬等級	RR4	RR4	RR4
近 1 年配息狀況	0.9 元（2020 年）	4.17% 0.75 元（2020～2021 年）	0.432 元（2021/10 月首次配息）

圖片資料參考：各投信之官網

　　元大投信在 2019 年 8 月以 20 元掛牌了台股第一檔 ESG 主題 ETF「00850 元大臺灣 ESG 永續」，當時不少人說它像便宜版的 0056，元大臺灣 ESG 永續 ETF 追蹤的指數「富時臺灣永續指數 (FTSE4Good TIP Taiwan ESG Index)」，產業以半導體及金融保險為主，成分股中以台積電、聯發科、鴻海為前三大成分股。

永豐台灣 ESG 永續優質 (00888) 的追蹤指數是「富時台灣 ESG 優質指數」，成分股產業涵蓋很多，目前以半導體為主，占比超過 52%，再來是金融保險、光電、電子、電腦等產業。從這中選出 ESG 分數高、股息率高、市場流通性高的股票。主要是投資台灣上市公司中，重視 ESG 的優良公司，並且兼顧股息發放。

　　這三個 ESG ETF 目前的價格在 15~35 元之間，幾年前談到 ETF 大家最常談到就是台灣 50（0050）或台灣高股息（0056），就是完全複製法，國泰永續高股息（00878）ETF，因為標的類似 0056，很多投資人因覺得 0056 價格已經漲幅太高，轉而投向 00878 這檔 ETF，一上市受到全台股民的注目，主要差別在於 00878ETF 具有三大親民特色。

1. 只要以每股 15 元的親民價格即可輕鬆入手，其發行價是台灣歷來配息型台股 ETF 中最低的，很適合小資族入門投資。

2. 00878 也是首檔強調季季配息台股 ETF，剛好符合台灣股民最愛的穩定配息。

3. 00878 也是台灣首檔結合 ESG+ 高股息的 ETF，因為未來疫情不確定的投資風險下，要享受長線投資複利效果，除了 ESG 永續理念外，如果再加上高股息作為雙重後盾，會更讓小資族安心投資。

小資 ETF 賺錢法四：

買房產型 ETF， 每季收房租

　　很多人一輩子最大的夢想之一就是可以存夠錢買一間房子，然後有機會可以當包租公，每年穩穩地靠收租過活。但是台灣目前房價處於高檔，根據最新內政部公布台北市的房價所得比達到 15.29 倍，換句話説，就是得不吃不喝 15 年，年輕人才能買得起台北市的房子。那如果想要買兩間以上的房子實現包租公收租的夢想更是難上加難！

　　但小資族想當包租公收租，其實也有另外的投資方式可以圓夢，比如投資 REITs(Real Estate Investment Trust)，中文叫做「不動產投資信託」，以下簡稱 REITs，是可以在股票市場中交易的一種商品，簡單來說就是將不動產證券化，讓你可以透過小資金就可以投資不動產 (房地產)。

　　一般簡單來說，REITs 可以分兩種：

✚ REITs 跟抵押權型 REITs 的差異

REITs 比較	權益型 REITs	抵押權型 REITs
英文	Equity REITs	Mortgage REITs
投資方向	直接參與不動產的投資與經營	借錢給不動產公司或投資 MBS
收益來源	從租戶中獲取租金收入 房屋增值賺取資本利得	從貸款中獲取利息收入 或手續費
收益影響因素	不動產景氣及經營績效	市場利率
代表	富邦一號 (01001T)	FH 富時不動產 (00712)

圖片製作：Dr.Selena

1. 權益型 REITs(Equity REITs，以下簡稱 eREITs)」

買進權益型 REITs，你就可以像房東一樣，定期收租金，投資人也可以定期獲得配息，如果不動產的價格上漲了，你也可以賺到價差，因為 REITs 的淨值會跟著上調。像在台灣很多掛牌的 REITs 都是，大部分台灣 REITs 大都是投資商業大樓或辦公大樓，但在海外的 RIETs，也有投資住宅、工業、醫療保健等建築物。

2. 抵押型 REITs(Mortgage REITs，簡稱 mREITs)」

簡單概念就是集合大家的錢去放款，借錢給別人買房，

然後收利息。其實就是集合大家的錢之後，再借錢給缺乏資金的房地產開發商、建築業者，或是向銀行購買「不動產抵押貸款擔保債券」。也就是當你購買抵押型 REITs 時，因為是借錢給別人，所以跟銀行一樣，你主要是賺取利息收入和相關的手續費用。抵押型 REITs 的占比較少，在台灣市場也較難買到。不過，像是 FH 富時不動產 ETF(本基金之配息來源可能為收益平準金)（00712），投資標的就是在美國專做房地產放款金融機構的商品。

　　FH 富時不動產（00712）ETF 它是追蹤「富時 NAREIT 抵押權型不動產投資信託指數」的基金，投資的標的是，在美國專做房地產放款金融機構的商品，因為類似「貸款」的性質。所以間接來說只要投資 FH 富時不動產（00712）ETF，也就是當另類的包租公。

　　我們都知道一般台灣投資人偏愛穩定配息與不動產的投資方式，而富時不動產 ETF(00712) 正好兼具這種雙重特性，又是聚焦在美國房產市場，所以特別適合小資族、存股族、定存族入門投資的最佳致富新資產配置新選擇，只要花一萬多元，每一季享受扮演銀行角色向取得房貸的美國人收取房貸利息，每季收配息！

　　雖然美國人的日常生活雖從 2020 年開始被疫情打擾超過一年，但卻無阻整個房地產交投暢旺。根據房地產網站 REDFIN 數據顯示，全美幾乎所有城市的房價都在上漲。其

中，幾個知名的大城市樓價與去年比較，更錄得雙位數百分
點漲幅，顯示美國樓市是近五年來買氣最熾熱。

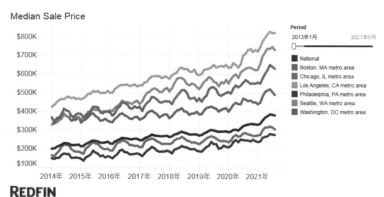

圖片來源：REDFIN 網站

　　另外根據富國銀行（Wells Fargo）高級經濟學家維特納
（Mark Vitner）表示，幾乎全美所有地方房價都在上漲，而
房價反彈速度之快，更是令人始料不及，分析指出房市熾熱
的原因是美國無限 QE 後房貸款利率仍處歷史低位附近，加
上受疫情影響 WFH(work from home) 的狀況盛行，激發許多
新需求，買家希望有更大居住空間，而不用到辦公室上班，
也吸引民眾搬到郊區。

　　展望未來，美國當前房市因低利率、居家工作潮 (WFH)
刺激住宅換屋需求，再加上美國房屋庫存量在歷史低檔，正

處於供不應求、未來美國房價持續看漲的多頭榮景，也成為美國抵押權型 REITs 長線發展的支撐，投資人可以挑選作為部分資產配置，兼顧抗震又能領取息收優勢。

當初 Dr.Selena 3 ～ 4 年前開始會選擇投資 00712，其實也是做了相當多的研究比較，看下圖可以看到有四大優勢：

1. 價格優勢：

00712 目前的價格 13 ～ 15 元，小資投資人只要花 15000 元左右，就可以輕易入手一張 00712 。而且去年受疫情影響 00712 當時最低價格還來到 7 ～ 8 元左右，那時 Dr.Selena 研究之後，選擇危機入市進場低接，後來價格彈回到 15 元左右，逢低撿便宜的報酬率也快 100% ！

2. 配息殖利率優勢：

根據復華投信統計，台股掛牌 ETF 在 2018 ～ 2020 年實際年化配息率排行，FH 富時不動產以高達 7.9% 拿下第一，其次元大高股息有 5.7%，第一金工業 30、FH 彭博高收益債分別以 5.2%、5.1% 排名三、四。

另外從 Cmoney 統計資料來看 00712 平均三年指數殖利率高達 7.97%，配息率過去 3 年平均實際配息率全市場第一，而且 2021 年第二季將配發 0.218 元。

3. 一年四次配息次數優勢：

00712 採季季配，每一季小資投資人都可以當資金提供方，提供資金給需要房貸的美國人，享受每季收取房貸利息的快感，一反在台灣當房奴的角色，而相較其他強調配息的ETF 一年領一次，00712 富時不動產的季季配領配息，可以讓投資人有較即時的資金靈活應用。

4. 近三年填息速度優勢：

小資投資高配息相關產品，除了每一年高配息外，最重要的是每一次能夠很快速的順利填息，00712 近三年平均填息天數為 47.33 天都可以順利填息。

EFT 相關表現	富時不動產 ETF （本基金之配息來源可能為收益平準金） （00712）
優勢一：價格優勢	14.14 元（2021/9/28）
優勢二：配息殖利率高	過去三年平均指數殖利率 7.97%
優勢三：一年四次配息次數	季季配 一年四次（3,6,9,12）
優勢四：近三年填息速度	三年平均填息天數 （2018~2020）47.33 天

圖表製作：Dr.Selena 資料參考來源：Cmoney 網站

最後這邊 Dr.Selena 也提供了四種買進高配息房產 ETF 方式提供給大家參考：

操作方式	購買方式舉例	建議適合族群
一次大筆資金購買	做好資產分配（節稅）	* 高資產的客戶
買一張開始	有錢時買，分批買	* 為小孩存教育基金的父母 * 小資族
每月定期定股（零股）	每月買100~200 股開始	* 為小孩存教育基金的父母 * 小資族
每一季買一張（定期定額）	每一季存夠錢買一張	* 小資族

投資心法 1：一次大筆買入富時不動產 ETF(00712)

美股股息視為境外所得，僅需依照最低稅負制，不必併入所得計稅，而富時不動產的投資所得算境外收入，所以不會被扣所得稅，如果高資產族群想要做長期投資及獲利節稅，也可以單次買進富時不動產 ETF(00712)，獲取每年穩定的高配息。

投資心法 2：一次買入 1 張富時不動產 ETF(00712)

小資可以先從投資一張開始，先存到 15000 元之後買入一張。

投資心法 3： **自己定期定股**

每月花 3000 ～ 5000 元自己定期定額買零股，比如每一個月買 100 或 200 股富時不動產 ETF(00712) 。

投資心法 4： **每一季季季買**

每一季固定每一張富時不動產 ETF(00712)，可以選擇除權前買進，領到當季配息。

投資心法 5： **凡是大跌時逢低買進**

比如去年疫情期間股價大跌時，可以逢低買進。

富時不動產 ETF(00712) 不管是在平均指數殖利率、一年配息次數、順利填息天數都是有相當不錯的表現，最重要的是價格優勢，投資人只要付出銅板股的價格，一張 14000~15000 多元就可以輕鬆入手，或是每月買零股 100 股、200 股，還能每一季享受扮演銀行角色向取得房貸的美國人收取房貸利息，真的是投資人未來可以考慮納入自己資產配置的投資新選擇！

溫馨提醒：

1. 富時不動產投資風險屬性屬於 RR4 且沒有漲跌幅限制，所以當面對系統性風險時可能股價短期波動較

大，這一點投資人可能也要特別注意喔！

2. 本文提及的經濟走勢預測不必然代表本基金的績效，
　本基金投資風險請詳閱基金公開說明書！

小資 ETF 賺錢法五：

小資如何用不到五萬元
成功打造月月配息 ETF

參考來源：《本金不到 5 萬元，也能月月領息，用「ETF 搭配台積電」，1 年領 12 次股利！》Smart 智富 ETF 研究室

🪙 小資投資 ETF，每月數鈔票

　　台灣一般投資人非常愛領配息，不論是股票、ETF、基金，或是其他配息型投資標的，而且有配息還不夠，還必須符合配得夠穩（穩定配息）、配得夠利（金額多），若新的 ETF 剛好符合這些條件，則往往會反映在申購的超人氣表現上。

　　不過小資族若要靠 ETF 打造月月領息的現金流模式，又應該如何打造配置組合呢？雖然在很多主動式基金中，已有不少基金標的是以「每月領配息」為行銷主打特色，但因相關的基金管理費用比較高，再加上近幾年，簡單易懂、總費用相對低的被動式基金（ETF）愈來愈夯，尤其是這 1 年～2 年台灣各大投信紛紛推出的各種新 ETF 中，都以價格親民

（發行價格皆訂為 15 元）、季配息為特色，深得台灣大眾投資人的青睞，顯示過去配得穩、配得利已成為投資標配，現在更要「配得多」才更是棒。

　　其實在現行的台股市場中，有幾種方法、總成本不到 5 萬元，就能夠打造「月月領息」的現金流。

　　如果想打造每月不間斷的現金流，月月都領息，比起存個股，存 ETF 肯定更合適，一來是持有一籃子股票比較能分散風險，二來是配息機制普遍更多元，年配／半年配／季配／月月配都有。

　　Dr.Selena 就來介紹月月配 ETF 黃金組合基本成員，分別為四檔季配型 ETF：國泰永續高股息 ETF（00878）、永豐台灣 ESG 永續優質 ETF（00888）、（00712）FH 富時不動產以及當中最新的中信關鍵半導體 ETF（00891）。

　　一般 ETF 在配息的時間程序上，會有幾個重要時間點，分別是「評價時間」、「除息時間」以及「配息發放時間」。

　　1. 評價日：通常是該評價月份的最後一個日曆日

　　「評價」指的是投信基金公司會評估 ETF 淨值與市值的情況，屆時適不適合配息，「評價時間」則以該檔 ETF 的基金公開說明書而定。

　　2. 除息時間：則是投信基金公司真正決定要不要除息、若有除息決定要配多少錢的時候，會在評價日的下個月進行。

3. 發放時間：則是 ETF 投資人最後真正實際能領到股息的時間，通常會在除息日後的下一個月發生。

在股票 ETF 的部分，目前配息率頻率最高的 ETF 有四檔，分別是 FH 富時不動產（00712）、國泰永續高股息（00878）、永續台灣 ESG（00888）及中信關鍵半導體（00891）。

其中（00712）FH 富時不動產配息月份是 1 月 -4 月 -7 月 -12 月，(00888) 永豐永續台灣 ESG 是 2 月 - 5 月 -8 月 -11 月，最後 (00878) 國泰永續高股息的配息月份及 (00891) 中信關鍵半導體的配息月份則都是 3 月 -6 月 -9 月 -12 月。

因此，我們可以從下表中，可配出這 2 種月月領息的組合：

✚ 組合 A：3 檔 ETF（00878、00888、00712）

〔00878〕國泰永續高配息 +〔00888〕永豐台灣 ESG ＋〔00712〕FH 富時不動產
小資打造月配息的黃金投資組合 A

組合 A	〔00878〕國泰永續高配息 〔00888〕永豐台灣 ESG 〔00712〕FH 富時不動產
總成本	可接受多大的市場波動 [能容受 〔00878〕國泰永續高配息 18.63 元 〔00888〕永豐台灣 ESG 16.05 元 〔00712〕FH 富時不動產 13.99 元 總成本（估）：48670 元 （以 2021.8.6 收盤價格參考，不含手續費 ）

組合平均年配息率〔估〕	〔00878〕國泰永續高配息（5%） 〔00888〕永豐台灣 ESG （5%） 〔00712〕FH 富時不動產 （5.5%）
特點	季季可領息，配息穩定

資料參考來源：非凡錢線百分百，MoneyDJ 網站

以近期的成交均價計算，分別針對這 3 檔 ETF 各買進 1 張（1,000 股），最終總成本不到 5 萬元（約為 48670 元），小資就能夠達成月月領息的效果。

小資打造月配息的黃金投資組合 B

✚ 組合 B：3 檔 ETF（00888、00891、00712）
〔00888〕永豐台灣 ESG ＋〔00891〕中信關鍵半導體＋〔00712〕FH 富時不動產

組合 A	〔00888〕永豐台灣 ESG 〔00891〕中信關鍵半導體 〔00712〕FH 富時不動產
總成本	〔00888〕永豐台灣 ESG 16.05 元 〔00891〕中信關鍵半導體 16.47 元 〔00712〕FH 富時不動產 13.99 元 總成本（估）：46510 元 〔以 2021.8.6 收盤價格參考，不含手續費〕
組合平均年配息率〔估〕	〔00888〕永豐台灣 ESG （5%） 〔00891〕中信關鍵半導體 （5%） 〔00712〕FH 富時不動產 （5.5%）
特點	季季可領息，配息穩定

資料參考來源：非凡錢線百分百，MoneyDJ 網站

若採相同的邏輯──以近期的成交均價，分別針對 00888、00891、00712 各買進 1 張（1,000 股），這樣下來總成本同樣也能控制在 5 萬內（約為 46,510 元）。

可搭配的 ETF 建議	季配	除息月份	領配息月份
[00888] 永豐台灣 ESG	V	1 月、4 月、7 月、10 月	2 月、5 月、8 月、11 月
選擇 A:（00878）國泰永續高配息 選擇 B：[00891] 中信關鍵半導體	V	2 月、5 月、8 月、11 月	3 月、6 月、9 月、12 月
（00712）富時不動產	V	3 月、6 月、9 月、12 月	1 月、4 月、7 月、10 月

而這兩個月配息組合中 00888、00891 大都是以半導體為比重最大產業，可能比較適合看好半導體未來前景的小資投資人。由於這 2 種組合當中都有護國神山台積電的配置，所以也蠻適合想投資台積電的小資投資人，可參考上述的配置方式，來打造月領配息的現金流體質。

在現行的台股市場中，擁有季配息特色的 ETF 尚不多，所以先提供 2 種簡單的配置組合供小資族參考。

不過，上述這 2 種方式，當中標的持有比重也不是非得要各買 1 張，小資投資人可依照自己財務狀況、投資策略、喜歡的產業做適合自己的比例調整。但要留意的是，這幾檔 ETF 成立時間都不長，算是非常新，且持股產業多偏重電子、半導體以及金融保險為主，在投資前還是得先研究一下個相關 ETF 的成分股詳細資料後，再審慎評估自身情況，並做好風險控管。

　　最後希望可以早日財務自由，把老闆開除、提前退休還能月月有錢可以花用，是無數上班族夢寐以求的理想，ETF 存股多少錢及如何巧妙搭配可以達到月月領配息的目標？每月領到的配息可以再投入買零股 ETF，這樣可以實現時間＋複利效果，20 年後就能有一筆月月領的退休金了。現在就來看看 Dr.Selena 傳授如何靠著存 ETF 打造小資自動收入的「月配息賺錢月曆」。

✚ Dr.Selena 小資月配息賺錢神奇月曆：

操作方式	小資月配息賺錢神奇月曆 領月配息組合 A	小資月配息賺錢神奇月曆 領月配息組合 B
1 月	(00712)FH 富時不動產	(00712)FH 富時不動產
2 月	(00888) 永豐台灣 ESG	(00888) 永豐台灣 ESG
3 月	(00878) 國泰永續高配息	(00891) 中信關鍵半導體
4 月	(00712)FH 富時不動產	(00712)FH 富時不動產
5 月	(00888) 永豐台灣 ESG	(00888) 永豐台灣 ESG
6 月	(00878) 國泰永續高配息	(00891) 中信關鍵半導體
7 月	(00712)FH 富時不動產	(00712)FH 富時不動產
8 月	(00888) 永豐台灣 ESG	(00888) 永豐台灣 ESG
9 月	(00878) 國泰永續高配息	(00891) 中信關鍵半導體
10 月	(00712)FH 富時不動產	(00712)FH 富時不動產
11 月	(00888) 永豐台灣 ESG	(00888) 永豐台灣 ESG
12 月	(00878) 國泰永續高配息	(00891) 中信關鍵半導體

小資打造月配息組合注意事項：

1. 月月配息 ≠ 月月賺錢。

2. 不要倒因為果，選擇適合自己的 ETF 存股比月配息組合更重要。

3. 高配息、高殖利率不一定代表高報酬。

第六章

小資海外
投資賺錢術

小資錢進美股，
海外投資火熱

　　近年來，台灣投資人非常熱衷投資海外股市、尤其是美股，已成為新的全民運動。事實上，根據台灣券商公會的統計 2020 年台灣複委託交易額大增 54.63%，全年台灣全年複委託交易總額高達新台幣 3.79 兆元，年成長率 54.63%，其中零售業務成交量達 1.55 兆元。

　　其中永豐金證券以 17.85% 的市占率居冠。去年複委託交易單月都沒有超過 4000 億，而 2021 年第一季交易總額 1 兆2911 億元，月均量攀升超過 4000 億，年增 35.24%，表示美股市場相當火熱。

市佔率排名	證券商	市佔率
1	永豐金證券	17.85%
2	國泰證券	13.83%
3	富邦證	12.43%
4	元大證券	12.06%
5	凱基證券	6.94%

參考資料：金管會

小資為什麼要開始研究投資美股？因為比起
投資台股，投資美股擁有以下 4 大優勢：

優勢一：　美國長期居於全球經濟龍頭，全球頂尖知名企業齊聚

美國長年居於世界經濟龍頭地位，光是美國的 GDP 就
占全球近 20%，也因次能夠在美國掛牌上市的企業，幾乎都
是世界一流的知名企業。

像是知名手機大廠蘋果、搜尋引擎大廠 Google、社群平
台龍頭 Facebook、運動用品大廠 Nike、咖啡連鎖龍頭星巴
克、電影巨頭迪士尼等等，相信隨便一數就能數出好幾家，
重要的是投資美股更有機會發現下一個跨國企業，比方說在
2013、2014 年 Netflix 剛進軍臺灣時買它的股票，就算不能一
路抱到現在、享受它十餘倍的漲幅，但也有可能賺到其中一
波，因為美股稱霸全球的好處就是投資人有機會「能賺到全
世界經濟成長的錢」。

優勢二：　投資門檻低，進出場容易

美股交易是以「股」為單位，買賣時不限股數，1 股也
可以交易，對小額投資人很有利。

以 2021 年 8 月初蘋果股價 146.14 USD 美元為例，小資
族只要有大約新台幣 4092 元 (以台幣 28 元計算)，就可以買

進一股蘋果股票。另外加上美股漲跌幅沒有限制，使得美股交易更加靈活，不論是短中長線交易都很方便。

不過，也由於美股沒有漲跌幅限制，所以有時波動大的美股，短線交易風險也相對比較高，只適合對特定領域已有深入研究的資深有經驗的投資人。

優勢三：美股工具多樣、流通性高

美國在多項金融工具，如債券、ETF、期貨、選擇權的交易上，也是領先全世界，而且由於吸引了全世界的交易人投資，因此能保持一定的成交量與流動性。

現在最受廣大投資人青睞的ETF，在美國股市更是多元，你可以透過SPY（S&P 500指數）、DIA（道瓊指數）、IVV（核心 S&P 500 指數）等 ETF，參與美國股市主要指數的漲跌。

想投資美國產業，看好半導體產業，SMH 就將全球主要的半導體企業都涵蓋在內。只要你有想法或是有興趣的主題，都可以組合出無限可能的投資組合，這是全世界其他股市難以超越的。

優勢四：美股制度相對更健全，投資踩雷機率低許多

美國股市有相當健全的監管機制，不僅嚴格禁止內線交易，更要求公司資訊公開透明；加上美股市場約有 8 成參與者是專業投資機構，有助於維持市場的理性波動，相對於散

戶，這樣的市場也比較公平、穩定。

　　另外美股季報除了財務數字外，還會附上這一季的大事。像是各財務數據背後變動的原因，或是公司最新的併購案等等；因此對想好好研究股票的人來說，美股公司提供了更多資料，因此投資人可以專注發掘具成長潛力的企業

小資開始美股投資買賣該如何開始入門呢？

　　目前小資族投資美股可以透過兩種方式來進行，一是國內券商複委託，向國內券商委託申購美國股票；二是自行開美國券商交易戶，直接下單買賣美國股票。

兩種海外投資方式	海外證券	國內券商複委託
開戶方便度	有些海外券商提供： 中文開戶 中文客服	中文開戶 中文客服
換匯	要，通常匯費一次約 20 ~ 30 美金 （每家銀行收費不同，請以銀行實際公告為主）	不用
交易收續費	部分海外券商免手續費	0.5~1%（有低消）
可投資的標的	較多	較少
DRIP （股息再投資功能）	有	無
報價狀況	多為即時報價	多為延遲報價
稅務處理	自行處理	國內券商協助

小資買美股：
用海外券商戶
還是複委託好？

目前國內券商早已開辦的海外複委託業務，讓你可以用現有的台灣券商股市下單軟體，就能直接方便的買賣美股；即使想在美股券商開戶下單，透過美國海外券商的網站就可以完成線上申請，且大多數的海外券商網站都有中文介紹，所以投資人不用親自飛去美國，開戶、匯款、下單，在台灣就能方便的一次快速搞定。

小資投資美股方式	透過複委託下單	透過海外券商下單
優點	1. 對於一般台灣投資人來說較方便簡單 2. 中文化沒有語言的隔閡 3. 較方便，可以台股美股一起投資	1. 交易成本較低：有些海外券商有低手續費甚至免手續費的誘因 2. 特定 ETF 免手續費
缺點	1. 手續費較高，高交易成本 2. 有基本交易額度	1. 資金進去比較麻煩 2. 會有海外稅務及遺產相關問題
適合哪種人	1. 想省時間不想自己研究或是想看中文研究報告的投資人 2. 對美股投資剛開始研究的投資人	1. 投資股市的經歷比較長一些 2. 資金比較多一點的投資者 3. 英文較好的人
可參考券商	永豐金證券、國泰證券、中信證券華南永昌證券……	Firstrade 第一證券、Charles Schwab 嘉信證券、Interactive Brokers 盈透證

1. 直接開美國海外證券戶：交易免手續費，但把錢匯回台灣的成本高

相較國內券商複委託方式，直接使用美國證券戶會更優惠，下單交易不需手續費，而大型美國券商多有中文線上開戶介面、下單交易教學，以及中文客服，第一證券（Firstrade）、嘉信證券（Charles Schwab）都是台灣投資人推薦的美國大型券商，可以試著了解。

由於美國許多券商包括第一證券（Firstrade）、德美利、嘉信證券（Charles Schwab）都已經實施買賣股票、ETF 零手續費的服務，小資投資新手投資美股時，建議從這些低手續費的券商開始，可以降低自己每一次投資美股的交易成本。

名稱	交易種類	平台特點
Firstrade 第一證券	美股、基金、期貨、ETF	交易成本最低、中文化非常完整、投資交易快速完成
盈透證券	美股、債券、基金、期貨、ETF、CFD、全球股票	特色是可以買到歐股，無最低開戶存款要求，手續費每次最低收 1 美元，上限交易額 1%
德美利證券	美股、ETF、債券、基金、期貨	交易介面完整、股票手續費每筆交易 6.95 美元
嘉信證券	美股、ETF、基金、期權	專門跨國提款免收手續費、專門跨國提款卡免手續費、開戶最低要入金 2.5 萬美元

資料參考來源：進場美股其實一點也不難

不過開戶完畢後，將美金匯至國外戶頭、或將錢從海外匯回台灣，都需要手續費。將錢匯至國外的部分，我們以國泰世華銀行的規定來說，網銀匯款的電匯費每筆 300 元，再

加上全額到匯的手續費 500 元，一共是 800 元（臨櫃匯款是 1,100 元）。

因此建議投資人每年匯款至美國券商戶次數以一兩次為限，以 800 元電匯費來看，一次匯款金額 50 萬以上，電匯費用就會低於 0.15%，但享有無限買賣美股免手續費的優惠。

國外的錢匯回台灣的部分，可透過國外的網銀填寫匯款表單，美國 Firstrade(第一證券) 會收 35 美元手續費、中轉行也會扣 15-20 美元、一般台灣的銀行也會收手續費，相加費用大約約 2,000 元。如此高昂的匯款費用，提醒投資人如果投資美股建議以中長期規畫為主，喜歡短期或是馬上會用錢的投資人較不適合美股投資。

2. 國內券商複委託：不用有海外帳戶就能輕鬆交易，但單筆買賣成本高

小資投資美股選擇用國內券商複委託的最大優點是簡單及方便，少了海外開戶的麻煩，能連動自己的外幣帳戶下單買美股。然而，複委託的缺點就是要多付一筆手續費，且有低消的限制。

以目前台灣複委託手續費最低的大昌證券來說，每筆會收 0.15% 交易手續費，且手續費有低消限制，每筆是 15 美金（以台幣 30 計算，大約每一筆會收 450 元台幣）。也就是說，單筆交易至少要 30 萬元，才會比較划算（30 萬 x 0.15% ＝

450 元），低於 30 萬會吃虧，一年兩次買賣交易就要 900 元，每一次交易成本非常高，不符合喜歡短線交易或交易頻繁者的需求。

證券商	人工單		電子單	
富邦	1.0%	50 美元	0.5%~1.0%	39.9 美元
大昌證券	0.2%	30 美元	0.15%	15 美元
元富	0.7%	50 美元	0.50%	35 美元
玉山證券富果帳戶	1.0%	50 美元	1.0%	50 美元
群益金鼎	1%	50 美元	0.50%	35 美元
國泰	1.0%	50 美元	0.60%	39 美元
永豐金	1%	50~100 美元	0.5%~1.0%	35~100 美元
凱基	1.0%	39.9 美元	0.50%	39.9 美元

資料參考來源：懶人經濟學網站
手續費可能會依券商活動有所調整，詳情請參考券商實際公告為主

✚ 小資海外投資帳戶申請步驟整理如下：

Step1：選定開戶方式（複委託 or 海外券商）

Step2：選定下單方式（手機或電腦下單）

Step3：下單前確認帳戶有足夠的圈存金額

Step4：送出委託單（現股，限價，當日有效單）

Step5：確認委託是否成功，留意交割日

小資存美股的
兩種新方法

　　台灣小資族想「存」美股更容易了！金管 2021 /5/5 會宣布，即日起開放證券商可接受委託人以「定期定額」方式複委託買賣外國有價證券，包括股票、ETF，只要券商的系統準備好了，隨時就能啟動，證期局官員透露，初期至少有十家券商有意願承作。

　　投資人透過定期定額買國外股票、ETF，會產生「碎股」，解決之道有二，一是券商和投資人約定，買到「整股（一股）」最接近的金額，二是允許「碎股」，由券商上手的國外金融機構來分配。

　　原則就是「限額內買到最大的股數」，例如投資人每次扣新台幣 1 萬元買某檔美股，最低交易量為 1 股，若 1 股 9,000元，剩下投資金額 1,000 元就先存在投資人帳戶上。

1. 定期定股方式買美股：

　　目前國內共有 67 家專營證券商，其中有 37 家獲准辦理複委託業務，但截至 2021 年 4 月底，僅有國泰證、永豐金證及中信證三家券商辦理複委託定期定股，金額為 22.5 億元，客戶數約 15,000 人左右，投資標的則以美國股票和 ETF 為主。

　　不過可投資買賣標的以股票及不具槓桿或放空效果的 ETF 為限。國人目前投資海外股票以美股為主，若採「定期定股」，必須每次買一定數量，比如 1 股或 10 股。

　　至於曾經表達有意願辦理定期定額複委託的證券商，共有 10 家。但截至 2021 年 7 月底，僅有永豐金證有辦理複委託定期定額，而依台灣金管會公布證券商辦理定期定額複委託，須符合兩項規定。首先，要以中長期投資為原則，因此買賣標的以股票及不具槓桿或放空效果的指數股票型基金（ETF）為限；其次，成交價格定為證券商以交易當日定期定額全部成交數量及成交金額的加權平均價格。

　　目前永豐金證券「豐存股美股」可提供小資族兩種可以投資美股的方式，「定期定額」及「定期定股」兩種存股方式，同樣適用上架的 54 檔標的，含 21 檔個股及 33 檔熱門 ETF，並針對這兩種扣款方式提供獨立庫存績效管理，方便小資投資人能清楚管理兩種存股方式的個別績效。

	永豐金證券	國泰綜合證券	中國信託證券
定期定股買美股	V	V	V
定期定額買美股	V	尚未提供	尚未提供
目前可以投資標的	33 檔 ETF	60 檔 ETF	48 檔 ETF
約定時間	每月 6 日、16 日、26 日	每月 5 日、15 日、25 日	每日皆可
最低投資門檻	定期定股 1 股 定期定額 100 美金	定期定股 1 股	定期定股 1 股
手續費	買進手續費 0.3% 單筆最低手續費 15 美元 定期定額單筆最低手續費 1 美元	買進手續費 0.3% 單筆最低手續費 4 美元	買進手續費 0.3% 單筆最低手續費 4 美元
定期定股圈存金額	每日前一日收盤價 110%X 申購股數 + 收續費	每日前一日收盤價 110%X 申購股數 + 收續費	每日前一日收盤價 110%X 申購股數 + 收續費

資料參考來源：各券商官網
手續費可能會依券商活動有所調整，詳情請參考券商實際公告為主

定期定額方式買美股：
美股定期定額上線啦！每月只要 100 美金，
高價股想買沒問題、讓「碎股」模式來幫你～

　　美式賣場、每天在滑的社群平台…許多生活中的美股，投資人不是不想買，只是對小資來說很多績優美股價格太高了！但好消息是，新推出的美股定期定額，內建了「碎股」模式、幫助小資族可以輕鬆把 1 股切割成萬分之一買進。

在小資投資人引頸期盼下，永豐金證券率先開辦美股定期定額經紀業務，並提供存股庫存獨立績效管理，最低申購金額 100 美元，每個月最多可以扣款 3 次 (分別是每月 6、16、26 號)。

永豐金豐存股美股平台目前上架個股及 ETF 共 54 檔，全部都可以定期定額投資，透過碎股計算到小數點後 5 位的模式，連股價 5 千美元的超高價股，小資族都可以定期定額輕鬆買入，為美股存股打開全新扉頁。而美股定期定額有兩個特色：

特色 1　美股定期定額「100 美元」起扣、無負擔

「定期定股」以股數為基本單位，最大特色是 1 股就能起扣，對於一般股價不高的標的來說很方便，但扣款金額受股價、匯率等波動會變動，需要投資人去每月注意一下扣款額度；而「定期定額」買美股，對於想每月提撥一筆固定資金的存股族更簡單適合，每筆最低門檻 100 美元、變動單位 10 美元，在資金配置上更能精準做理財規劃。

特色 2　美股定期定額利用「碎股」模式、高價股最適合

美股定期定額的另一項優勢，是協助小資投資人能用碎股方式買進，最大化資金效益。「豐存股 _ 美股定期定額」碎股最小單位可將 1 股切分到小數點後 5 位，解決部份高價

美股股價太高 1 股也買不起的痛點，以股價最高的亞馬遜 7/8 最新收盤價 3,731 美元為例，若以定期定額碎股的模式，每月 100 美元小金額就能存到高價股，讓投資人的資金發揮最大效用。

很多人會問，為什麼不只要買台灣 ETF，小資投資人還要試著學習跨國買美國 ETF 呢？

一、是基於風險分散的投資原則

投資台灣的股市，僅能享受台灣的經濟成長，萬一台灣經濟表現不佳或是兩岸台海局勢緊張時，資產也會連帶受影響，若能將資產布局全美、全世界，手上除了持有成份股外，還有蘋果、特斯拉、臉書、微軟、好市多等股票，心裡應該會安心許多。

二、投資美國 ETF 的手續費較低

以美國資產規模最大的 ETF「SPY」來說，內扣開銷（手續費、交易稅）只有投資金額的 0.09%，相較之下，2020 年 0050 的內扣開銷 0.43%。若以投資 10 萬元並持有一年，SPY 只要 90 元，但 0050 就要 430 元，中間價差 340 元，如果長期累積 30 年的差距幅度更大。

第七章

小資第一次投資
美股 ETF 怎麼選？

美股小白闖蕩記

　　小資投資人或新手投資人剛開始投資美股的時候，其實並不建議用頻繁短線交易方式或當沖方式投資美股；而建議可以考慮 ETF 或大型績優股為投資標的、中長期持有的投資人，應該不需要天天熬夜看盤，只要定期檢視手中的投資標的表現、善設停損停利就夠了。

　　目前美國發行高達 2365 檔 ETF（2020 年底統計），美股 ETF 是很多投資新手開始投資第一個會考慮購買的商品，也是小資懶人投資的首選。個股投資需要花費許多時間研究股票，投資 ETF 創造被動收入可以有效分散投資風險，節省下許多研究時間。

　　建議小資開始投資美國股市時，投資人以資產規模高者為首選，其在市場上具備高流動性，交易更為活絡，Dr.Selena 整理了四種適合小資投資美果 ETF 的四種選擇：

指數 ETF	護城河 ETF
全球市場 ETF	人氣 ETF

一、投資指數型 ETF

　　小資投資人在一開始投資美股時，如何從茫茫股海中挑選適合自己的最佳標的、希望獲取超額報酬的主動投資人，都應該先了解大盤，從指數投資開始，將它納入投資組合之中。

　　我們知道如果在台灣投資 ETF，大家就會想先到（0050）元大台灣 50，0050 是挑選台股市值前 50 大公司作為投資標的，其實在美國也有對應概念的 ETF，投資人也可以買進追蹤指數的 ETF，比如 SPY 追縱的是 S&P500 指數，之所以有足夠的代表性，原因就是因為他幾乎涵蓋了大多數美國最重要的企業，因此指數有足夠的代表性。通常我們也會拿 S ＆ P500 的報酬率指數，去和其他所有的商品作比較。目前全球有許多不同的發行商都針對相同指數發行了 S ＆ P500 的 ETF。

ETF 投資小學堂：

「標普 500」即為「S & P500」指數，其成分股為美國紐約證交所（NYSE）及那斯達克交易所（NASDAQ）中選取權值最高的前 500 檔個股，其代表性幾乎可以涵蓋美國整體經濟概況，目前在台上市的美股 ETF，皆以此為標的指數，這五百檔股票包含以下公司 EX：

<table>
<tr><td>蘋果電腦</td><td>全球最大的消費電子企業</td></tr>
<tr><td>波音公司</td><td>大型飛機製造商</td></tr>
<tr><td>花旗集團</td><td>大型金融集團</td></tr>
<tr><td>可口可樂企業</td><td>飲料製造商</td></tr>
<tr><td>谷歌</td><td>跨國搜尋雲端企業</td></tr>
<tr><td>微軟</td><td>個人電腦軟體服務商</td></tr>
<tr><td>輝瑞製藥公司</td><td>大型製藥公司</td></tr>
</table>

美國紐約證交所　S&P 五百檔成分股　那斯達克交易所

標普 500 指數選入美國 500 家企業作為成分股，由於是指數，所我們可以看一下「SPDR 標普 500 指數 ETF」（美股代號 SPY），最近十年的年複合報酬率為 13.75%。

代號	名稱	規模（億美元）	成立時間	費用率	近十年年化報酬率
DIA	SPDR 道瓊工業平均指數 ETF	222	1998 年	0.16%	12.32%
SPY	SPDR 標普 500 指數 ETF	2,868	1993 年	0.09%	13.75%
VOO	Vanguard 標普 500 指數 ETF	1,537	2010 年	0.03%	11.45%（五年）
IVV	Ishare 核心標普 500 指數 ETF	2,045	2000 年	0.03%	13.79%
QQQ	Invesco 納斯達克 100 指數 ETF	1,224	1990 年	0.2%	20.46%

參考資料：鉅亨網

二、投資護城河 ETF

　　經濟護城河（economic moat）是由華倫・巴菲特創造的術語，是指得以保障企業、防範同業競爭的持續性優勢，就如同護城河保護城堡一般不容易被外敵給攻破的一種防線！

　　一般投資人需要重視企業具有經濟護城河的三個主要原因：

1. 擁有經濟護城河的企業，其價值高於缺乏護城河的企業。

2. 企業生存能力較高，值得長期持有。

3. 企業在長遠發展看來的獲利能力也較強。

　　這邊介紹一檔美股代號為「MOAT」的 ETF 給你參考，叫做「VanEck Vectors Morningstar Wide Moat」晨星寬廣護城河 ETF。這是由 Morningstar 所篩選出他們覺得具有經濟護城河的一檔寬護城河 ETF，簡單說就是他們所認定的具有長期競爭優勢，非常適合長期投資的一檔 ETF。

	VanEck Vectors Morningstar Wide Moat ETF
股票代碼	MOAT
管理費用	0.48%
追蹤標的	40 間具有可持續競爭優勢的公司，以均等加權指數進行追蹤
追蹤指數貼合度	0.98
有無配息	年配息

資產規模	2.67 億美元
平均日成交量	3,653 萬股
Beta 風險係數	0.95
資金關閉風險程度	低
同性質競爭 ETF	QUAL、DGRO、PKW、KOMP、FNDB

資料參考來源：Morningstar

三、投資美國十大人氣 ETF

受全球投資人喜愛的美國時大人氣 ETF 可以參考下表，前十大 ETF 在市場上都有較高流動性。依序為 SPDR 標普 500 指數 ETF (SPY)、iShares 核心標普 500 指數 ETF (IVV)、Vanguard 整體股市 ETF (VTI)、Vanguard 標普 500 指數 ETF (VOO)、Invesco 納斯達克 100 指數 ETF (QQQ)、iShares 美國核心綜合債券 ETF(AGG)、SPDR 黃金 ETF(GLD)、Vanguard FTSE 成熟市場 ETF(VEA)、iShares MSCI 核心歐澳遠東 ETF(IEFA)、Vanguard 總體債券市場 ETF(BND) 等十檔。

根據資產規模前五名中，多檔以追蹤美國股市標普 500 指數的 ETF 為主，分別為 SPDR 標普 500 指數 ETF (SPY)、iShares 核心標普 500 指數 ETF (IVV)、Vanguard 標普 500 指數 ETF(VOO)。

SPY、IVV、VOO 同樣都是追蹤標普 500 指數，這三檔

ETF 主要差異不大，但 IVV 和 VOO 在管理費用上更具優勢，管理費用上 SPY 為 0.09%、VOO 為 0.03%、IVV 為 0.03%，可以看出這三檔 ETF 在管理費用上的差異。

　　最後特別的是，在十大熱門排名中也包括了美股核心綜合債券指數相關的 ETF，像是 iShares 美國核心綜合債券 ETF(AGG) 和 Vanguard 總體債券市場 ETF (BND)，這兩檔都是追求彭博巴克萊美國綜合債券指數，屬於股債平衡的利器債券 ETF。

✚ 美國 ETF 十大熱門排名：

ETF 排行	ETF 全名	ETF 代號	ETF 資產總額 億美元
1	SPDR 標普 500 指數 ETF (SPY)	SPY	2900
2	iShares 核心標普 500 指數 ETF (IVV)	IVV	2140
3	Vanguard 整體股市 ETF (VTI)	VTI	1624
4	Vanguard 標普 500 指數 ETF (VOO)	VOO	1607
5	Invesco 納斯達克 100 指數 ETF (QQQ)	QQQ	1372
6	iShares 美國核心綜合債券 ETF(AGG)	AGG	807
7	SPDR 黃金 ETF(GLD)	GLD	760
8	Vanguard FTSE 成熟市場 ETF(VEA)	VEA	749
9	iShares MSCI 核心歐澳遠東 ETF(IEFA)	IEFA	714
10	Vanguard 總體債券市場 ETF(BND)	BND	623

資料參考來源：鉅亨網

四、全球市場 ETF

小資投資人還可以考慮另外兩檔以全世界股票市場與全美國市場為投資組合的 ETF，VT 及 VTI。

1. VT：它是追蹤全球市場指數的 ETF，涵蓋全世界公司的股票，VT 是由美國 Vanguard 公司發行（先鋒集團），這檔 ETF 成立於 2008 年，追蹤 FTSE Global All Cap Index 指數，這個指數包含了美國、美國以外的已開發市場、新興市場，讓投資人用一檔 ETF 就能輕鬆投資全世界。

VT 主 要 的 成 分 股 包 含 蘋 果、 微 軟、AMAZON、FACEBOOK、NVIDIA、Tesla⋯，主要追蹤的是大盤股，特色是在數 10 個不同國家擁有數千隻個股，因此具有分散投資風險的效果，沒有任何一檔股票在總投資組合中佔有相當大的比例，在投資區域、投資產業方面也都非常平衡，而且費用率也很低，只有 0.08%。

TF 代號	VT
全名	Vanguard Total World Stock ETF
追蹤指數	FTSE Global All Cap Index（富時全球股市指數）
發行時間	2008/06/24
ETF 費用率	0.08%
投資區域	全球

持股數量	8,989 檔
前 10 大持股比例	13.12%
價格	USD. 105.14（2021/08/09）
配息	季配息

參考資料來源：MoneyDJ 統計到 2021/06/30

2. VTI：VTI 至 2020 年 9 月 30 日止，已是全美國資產規模最大的 ETF，排序在後的是 VOO（Vanguard 標普 500 指數 ETF）。最大規模意味者為受到主流市場的青睞，以及高流動性，VTI 採季配息，每年配息約 1~2%，會那麼低的原因是因為 VTI ETF 持有的大部分是科技股、成長股，本身的特行為配息低，但價格成長快，也因此在報酬率上有亮眼的成績。

VTI 基本資料	
發行公司	Vanguard（先鋒集團）
美股代號	VTI
追蹤指數	CRSP US Total Market Index
成立日期	2001/05/24
總費用率	0.03%
持有股票	3,566 支

基金規模	1,258,100.00〔百萬美元〕（2021/06/30）
價格	USD. 228.78〔2021/08/09〕
配息頻率	季配息
持股最高產業	科技業（27.1%）

參考資料來源：MoneyDJ 統計到 2021/08/09

以下表為 VT 級 VTI 的規模及近十年化報酬率統計，提供大家參考。

代號	名城	規模〔億美元〕	成立時間	費用率	近十年年化報酬率
VT	Vanguard 全世界股市 ETF	138	2008 年	0.08%	8.98%
VTI	Vanguard 整體股市 ETF	1,523	2001 年	0.03%	13.59%

資料參考來源：Cmoney

積極型投資人的新選擇—

投資女股神的
主動型 ETF

ETF，也有分主動和被動

　　除了被動追蹤特定指數、依照指數成分股來調整投資組合配置，並追求與指數一致的報酬外，也有以主動選股、目標為打敗指數報酬的主動型基金，美國女股神伍德（Cathie Wood）

　　旗下的方舟投資就是一例。像近期知名的 ARK Invest 就推出好幾檔投資科技股的主動型選股 ETF，這些 ETF 連結的股票都是由經理人團隊主動挑選，我們特別要了解女股神的破壞性創新三投資策略：

1. 致力投資「破壞性創新」的科技公司

　　ARK 致力於投資具有「破壞性創新」潛力的科技股，這

些科技股可能目前還不賺錢、財報不佳，甚至公司市值都還很小，但是未來前景潛力巨大，例如在好幾年前特斯拉面臨破產、無法交貨危機時，女股神仍堅定持續投資加碼，直到2020 年終於收穫數百倍獲利。但 2021 年特斯拉大幅回檔時也會影響 ARK 底下相關 ETF 的投資績效。

2. 當逢美股大跌逆向加碼投資策略

在牛市時，ARK 大部分會分散持有流動性好的大型公司，這時市場風平浪靜，流動性不會有問題。而當遇到市場大跌時，ARK 會注入更多資金、甚至賣出流動性好的股票來投入這些符合其「破壞性創新」篩選標準的股票。

3. 投資策略長期持有數年以上

因為「破壞性創新」的公司不會在今天馬上就顛覆世界或是成功賺大錢，因此 ARK 的策略是長期持有、低點加碼，像 ARK 就持有特斯拉（股票代號：TSLA）至少 6 年以上。

代號	全名	規模 （2021.8.31） （億美元）	成立時間	費用率	年平均報酬率 （2021.8.31）
ARKK	新興主動型 ETF	223.3	2014	0.75%	14.92%
ARKQ	自主技術與機器人主動型 ETF	27.6	2014	0.75%	32.25%
ARKW	Next 物聯網主動型 ETF	57.9	2014	0.79%	26.39%
ARKG	生物基因科技革新主動型 ETF	85.1	2014	0.75%	6.69%
ARKF	ARK 金融科技主動型 ETF	37.0	2019	0.75%	22.24%

圖片資料來源：Money DJ

　　這種主動型 ETF 也跟共同基金一樣，通常管理費較貴，
ETF 的投資績效好不好則要看 ETF 經理人的投資功力及投資
判斷了。這些 ETF 我們一樣可以用海外券商或是複委託方式
即時買賣。

| 理 | 財 | 筆 | 記 |

FINANCIAL NOTES

第八章

用美股 ETF
打造資產配置

打造投資的最佳狀態：
全球資產配置

　　著名的擦鞋童理論說：「當你發現連擦鞋童都在討論股票時，就是該小心的時候了」，當市場一頭熱時，記得還是得控管一下自己的投資風險喔！因此有句名語：「雞蛋不要放在同個籃子裡。」這也是在大家在投資理財時耳熟能詳的一句名言，但實際應用上有沒有什麼小資可以學習的簡單原則可以作為投資分散風險之用呢？

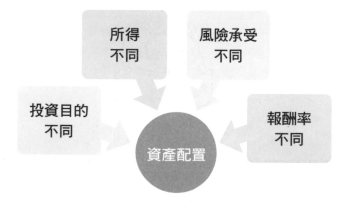

　　資產配置主要精神是，在個人可忍受的風險範圍內追求最大報酬。因此最主要的目的不是追求資產最大化，而是降低投資的風險。

　　資產配置 (Asset Allocation) 是指投資者根據個別情況、可承擔之風險程度，將資產按不同比例分配於股票、基金、債券、衍生性金融商品等各類資產，以期達到降低風險、獲得預期報酬的一種規劃方式。資產配置的主要目的是減少投資判斷及資產類別的各種風險，以求得更大的利益空間。所以資產配置的最主要並不在追求資產的最大化，而是在降低整體投資組合的最大風險。

　　因此資產配置，是指因應不同投資人個別的狀況和投資目標，把投資標的分配在不同種類的資產上，像是股票、ETF、債券、房地產及定存等等，讓整體投資風險可以減至最低。

　　近幾年台灣投資人也非常喜歡用 ETF 進行簡單的資產配置，2020 年國內指數化投資商品創下三大紀錄，包括 ETF 總受益人達到 167 萬人、總規模 1.79 兆元、交易量首度衝 3 兆元，整體上市櫃 220 檔 ETF，僅 14 檔產品（包含新募集）規模增加百億元，同時有 14 檔受益人增加萬名以上，台股掛牌的 ETF 超過 200 檔，買一檔 ETF 就擁有超越半數共同基金績效的投資組合。

　　而根據台灣大學財務金融系教授邱顯比表示，資產配置

主要精神是，在個人可忍受的風險範圍內追求最大報酬，因此最主要的目的不是追求資產最大化，而是降低投資的風險。邱顯比教授他認為投資理財要追求長期、避免短期風險。高風險相對能有高報酬，低風險低報酬，但很多投資人想要避免短期風險又想追求高報酬，因此不斷地換投資標的或投資工具藉此想要提高投資報酬率。

　　偏偏很多投資人是處於資訊不對稱的狀況，最終換來換去結果是投資沒賺到錢反而賠了不少，因此，投資人太保守或太積極都不是最理想的投資理財法則。

　　邱顯比教授提出了一個可以提供小資投資人應用的資產配置簡單通則，建議可用基金搭配股票的方式來做投資。

「100 減去年齡＝投資股票的比例」

假設風險屬性積極型投資人：「100－年齡＝高風險性資產的投資比例」。

　　一個三十歲的年輕人可以把 70%（100－30＝70）的資產投資於風險、長期報酬較高的股票上，另外 30% 則放在定存、債券之類較安全的投資工具。

風險屬性積極型投資人

年齡	投資股市比例 (100- 年齡)%	其他比例
30	70%	30% 定存、債券之類較安全的投資工具
40	60%	40%
50	50%	50%
60	40%	60%
70	30%	70%

假設風險屬性保守投資人則是「80 －年齡＝高風險性資產的投資比例」。

股市的長期報酬根據過往經驗大多時候都勝過債券,但之所以配置債券是因為他創造正報酬的同時跟股市走勢不同。

也就是股市大跌時,債券要能不跌或是上漲。

風險屬性保守型投資人

年齡	投資股市比例 (80- 年齡)%	其他比例
30	50%	50% 定存、債券之類較安全的投資工具
40	40%	60%
50	30%	70%
60	20%	80%
70	10%	90%

我們知道不同年齡及個性風險承受度不同，下表建議資產配置依不同個性投資方向，資產投資股票的配置比例大不同：

年齡	30 歲	40 歲	50 歲	60 歲	70 歲
積極型	60%	50%	40%	20%	0%
穩健型	30%	30%	30%	30%	30%
保守型	0%	10%	20%	40%	70%
現金	10%	10%	10%	10%	0%

資料參考來源：錢線百分百

以下簡單五種資產配置步驟成功建立屬於自己的 ETF：

1. 先確認你的資產規模，在進行配置

2. 300 萬以下，以台股為主，定期定額

3. 千萬以上時，台美可 6:4 或 7:3

4. 定期檢視投資組合，適合調整持股組合

5. 可用美股補台股不足處

所以這也是股神巴菲特在 2013 年寫給股東的信中，也建議信託管理人將 10% 的現金投入短期政府債券 ETF（他推薦 Vanguard 的 VSBSX），90% 的現金投入追蹤 S&P 500（美國 500 個大型股指數）的 ETF。巴菲特表示，如此配置的長期獲利，會高於多數經理人操盤的獲利。

做股債的資產配置之後，即使遇到股災，你的整體資產下

跌幅度也不會太大，自己的總資產長期來説可以平穩的向上。

用美國 ETF 做好資產配置

　　其實每個小資投資人在開始學習投資理財時，都要慢慢學習「資產配置」的重要性，因為除了投資槓桿玩太大之外，投資會賠錢的主要原因不外乎就是資產配置做得不好，沒有達到分散風險、降低風險及避險的功能，這也是這幾年許多主打能夠分散風險的 ETF 近年開始受矚目的原因之一。

　　最近有在慢慢流行股債平衡的概念，甚至美國基金或相關公司還會幫忙你搭配出不同比例股債平衡的 ETF，這對一些想同時持有股票與債券的小資投資人真的可以簡單迅速地做好簡單的資產配置。

　　目前美國前三大 ETF 發行商之一的 iShares(BlackRock)，也看到投資人對 ETF 及資產配置的概念逐漸成熟後，也在 2008 年 11 月推出了四檔由股票、債券占不同比例組成的「股債平衡型 ETF」，包含 AOA、AOR、AOM、AOK，可以讓投資人依照自己投資風險承受的程度，透過這類 ETF 投資全世界股票、債券來做好自己的資產配置第一步。

股票 + 債券一定比例配置（股大積極，債大保守）

　　投資股債平衡的 ETF 優點為 ETF 發行商會定期做股債

平衡資產配置，通常每半年 (4 月及 10 月的最後一個交易日) 自動調整再平衡，但這種類型的 ETF 最大缺點就是債券的評級優略可能不一。

買股債平衡型 ETF

代號	股票：債券	類型	配息時間	平均殖利率	年化報酬率
AOA	80%：20%	積極	季配息 (4.7.10.12 月)	2.5% 以下	10%
AOR	60%：40%	成長	季配息 (4.7.10.12 月)	2.5% 以下	8%
AOM	40%：60%	穩健	季配息 (4.7.10.12 月)	2.3% 以下	6%
AOK	30%：70%	保守	月配息 (1~12 月)	2.3% 以下	4.4%

資料參考來源：錢線百分百

當小資投資人從台股 ETF 跨足美股時，會發現投資工具變得更全面和多元，若能謹慎理財與評估，對分散投資風險會很有助益。在數位化工具盛行的時代，海外開戶與投資變得更方便，甚至跟在台灣開戶、下單一樣簡單，現在可以勇敢嘗試不同的方法，跨出全球資產配置的第一步吧！

• ETF 的相關數據會定期更新，可至投信公司的官網掌握最新資訊！

| 理 | 財 | 筆 | 記 |

FINANCIAL NOTES

玩藝 108

超強懶人投資術：聰明買 ETF 年年加薪 30%

作　　者—Dr.Selena 楊倩琳博士
封面照片—Smart M（大大學院）提供
封面設計—季筱彤
內頁設計—楊雅屏
責任編輯—王苹儒
協力編輯—張志文
行銷企劃—宋　安

超強懶人投資術：聰明買 ETF 年年加薪
30%/Dr.Selana 楊倩琳作 . -- 初版 . -- 臺
北市：時報文化出版企業股份有限公司，
2021.10
　　面；　公分 . -- (玩藝；108)
ISBN 978-957-13-9522-7(平裝)

1. 基金 2. 投資

563.5　　　　　　　　　　　110016038

總 編 輯—周湘琦
董 事 長—趙政岷
出 版 者—時報文化出版企業股份有限公司
　　　　　108019 台北市和平西路三段 240 號 2 樓
　　　　　發行專線—(02)2306-6842
　　　　　讀者服務專線—0800-231-705　(02)2304-7103
　　　　　讀者服務傳真—(02)2304-6858
　　　　　郵撥—19344724 時報文化出版公司
　　　　　信箱—10899 臺北華江橋郵局第 99 信箱
時報悅讀網—http://www.readingtimes.com.tw
電子郵件信箱—books@readingtimes.com.tw
法律顧問— 理律法律事務所　陳長文律師、李念祖律師
印　　刷— 勁達印刷有限公司
初版一刷— 2021 年 10 月 15 日
初版六刷— 2024 年 3 月 25 日
定　　價— 新台幣 390 元

《超強懶人投資術——聰明買 ETF，年年賺 30%》
購書獨享轉運發財二重送

感謝你一直對 Dr.Selena 的熱情支持，特別規劃了超級發財二重送活動，買書就有機會得二好禮：

親筆簽名版限定發財好禮一：
錢滾錢美金發財金

購買親筆簽名版就送錢滾錢美金發財金 一份 (數量有限，送完為止)

發財好禮二：好老公選股 App

好老公選股 APP

10 天 VIP 體驗序號：**4QTNTX**

小資理財教主 Dr.Selena 獨創「三高一低」選股法
下載 App，幫你輕鬆找到年賺 30% 的好老公股！
相關細節請聯繫理財寶線上客服

理財寶線上客服